U0021773

生命靈數解析你的愛情・事業・財運

你是幾號人

倪端
NI DUAN

目錄

CHAPTER
3

「固定數」與流年運勢

CHAPTER
4

吸引力能量密碼

1 號人
每月出生於 1 日、10 日、19 日、28 日者

2 號人
每月出生於 2 日、11 日、20 日、29 日者

3 號人
每月出生於 3 日、12 日、21 日、30 日者

9 號人

每月出生於 9 日、18 日、27 日者

CHAPTER 5 倪端占數開運月曆（通用版）

愛情家庭篇 ·· 273

分手離婚／訂親結婚／誤解紛爭／關心家人／豔遇相親

工作職場篇 ·· 275

公開表現／升遷加薪／展開新工作／推銷面試／創業開工／與上司談判

金錢投資篇 ·· 278

房屋買賣／理財投資／博奕偏財／過戶繼承／整屋裝潢

Appendix 附錄

神準！【倪端希臘占卜】測驗

你是誰？你是你自己！

就算你的球技再好，也不會成為世界球王比利（Pelé）或梅西（Messi），因為你是你自己！

2022 年的世足賽（FIFA）剛剛落幕，最終由阿根廷獲得冠軍，而這場如史詩般的精彩賽事，如果沒有強勁的對手法國隊，就不會讓大家看到極限發揮的登峰造極和完美過程。雖說每一個人都是獨立個體，但我們都需要他人的協助，才能完滿自己的成長學習，達成既定目標。人生的旅程，就像是一場賽事，我喜歡運用它，來模擬將會遇到的各種挑戰和難題。但我也常會在人生幾個重要關頭，產生矛盾與困惑。

「認識你自己，方能認識人生」這是希臘哲人蘇格拉底（Socrates）最著名的一句話，他認為一生中最重要也最困難的事，就是認識自己。

每一個人都有想要改變自己的念頭和計劃，但這並不是一件容易而輕鬆的事；無論我們花多大的努力，就算下定決心想從最熟悉的工作生活著手，都不一定能夠完善這個改變的過程和結果。為什麼，因為你如果不能夠真正從裡到外了解自己是誰，再多的改變過程都只是表面功夫，白費力氣而已。

這些年，我承認在許多原本艱難的談判中，最後能夠順利獲得圓滿解決，真要感謝多年來對自我的認識和溝通協調的優勢掌握，這些自信也都是從學習了「希臘占數學」後有了更多的應證反饋。

十七年前，我在第一次出版的《你是幾號人？》自序中寫道：

「我是誰？」蘇格拉底提出了問題，讓世人開始努力尋求答案。這問題簡單，卻讓人窮極一生追求而未見結果。「我是誰？」相關的所有問題，其實都必須回到源頭，從了解自己開始，因為不了解自己，便無法掌握自己，又如何清楚知道自己的下一步該往哪裡去？

年輕時，我曾雜讀一堆關於生命探索的書籍，當然這和我從事的採訪工作與天生性格有很大的關係。我熱衷接觸不同的人事物，喜歡研究不同個性所表現出來的行為反應，在大量吸取「神祕學」方面的知識自娛外，也同時思考如何找出一種捷徑，可以有效地與他人溝通交流，並深入了解對方內在的想望。

多年前在美國生活，我第一次接觸到希臘占數學（Numerology）相關的資料，便大呼過癮；一方面，我愛極神祕事物卻反對迷信行為，二來我尊敬科學卻希望找到更符合人性的說法，幫助大家了解與自身相關的緊密連結。而希臘占數學讓我找到了很好的詮釋方法。之後，我巧妙的將它運用在生活裡所接觸的人身上，做為我與人溝通的工具橋樑。顯然這一招奏效了，周遭的人不但捧場買單，而且對我這套理論嘖嘖稱奇。

我持續了一兩年多的表演把戲，逢人便要他們的出生年月日作為我發揮的素材，對那些到手的數字做一番解讀後，再以預知未來式的幾個靈感，配合他們的生日數回贈作為小禮，這讓我在任何社交圈大受歡迎，邀請我出席每一次聚會，成為大家最美好的餘興節目。但多年下來，我雖有許多「超神準」的預測，讓人佩服，但自己卻沒有渡過人生最重要的幾個關卡，我發現我並不完全了解自己。之後數年的公開場合，我封口避談曾給我帶來許多便利的希臘占數學，決心要進入這個領

域重新深入探勘研究，我要找回自己迷失的性格地圖。

這些年我在各種會議說明、溝通演講中併入了希臘占數學的運用，讓現場聽眾感到無比興奮與好奇。因此，我又花了更多的時間專心歸納所有生日數與性格的各種潛能關係，發展一套專為大眾設計的「你是幾號人？」識人系統，讓大家從自己簡單又有效的「生日數」中，了解個人的基本性格和個性特質，以及衍生發展出的「預知行為」。

過去的十七年間，我在兩岸展開許多的企業內訓，並為創業女性開闢了經營事業和家庭相關的「高情商溝通」及「高情商談判」課程，而最核心的內容就是先從「認識自己」開始，先學習看懂自己的「生日數」，就能掌握自己的個性特質，發揮優勢與溝通風格，進而解決生活中各種人際關係的陷阱難題。

有趣的是，大多數的人都想盡辦法去掌握別人，卻不見得願意花時間了解自己，這如何能平衡彼此的關係互動呢？我們遇到的紛爭誤解，時常在工作職場上、親密伴侶和家庭親子關係之間發生；我們常為無法獲得理解或無端造成的誤解而感到沮喪，歸根結底就是不了解自己。

這裡，我來分享「親子關係工作坊」的實際小案例；

我在兩岸舉辦多次的「兒童禮儀生活美學營」，其中包括一項「藝術創作」實操課程，讓孩童藉由樂器學習、肢體律動配合美術創作，發展設計自己的裝置藝術。在為期兩天和三天不等的課程結訓時，我們的團隊會邀請父母家長一起來觀賞成果發表。除了生活禮儀部分，我們還教導孩子們「認識自己」的個性特徵和強項，讓他們因為了解自己的特點而更愛自己、更具自信。

在孩童的「藝術創作發表會」上，家長父母們都會露出不可思議與

大為讚歎的表情，幾乎說出以下類似的話：

「這是我家小孩畫的嗎？真的嗎？」

「這是他親手做出來的嗎？不可能吧！」

「……可是，他說他不會畫畫，最討厭畫畫的呀！」

「我們買了一堆色筆顏料，他都從來碰都不碰啊！」

家長對孩子短短幾天展現出的創作天分，簡直不敢置信。他們好奇地問我，「如何知道孩子會畫畫？如何讓孩子動手完成作品？」其實，想要讓孩子自由發揮天賦不難，首先必須運用對的方法，了解孩子的個性特質與天性。當然，父母更該先了解自己，知道如何用最適合與孩子互動的溝通方式，達到雙贏的局面。

大家都說**「性格決定命運」**，性格是由習慣養成的，習慣又是由我們的個性發展出來的。所以，我們每一個人的天生個性，才是影響我們人生的核心關鍵。如何了解我們的個性特質呢，其實從我們的「生日數」就可以掌握全貌。這是一個多麼簡單又有效「認識自己」的最快速方法啊！

我熱愛生活，也一直挑戰新的事物，一直認為所有的知識學習最終都必須實踐在生活裡。我從年輕在學時，便開始在電視台做戲劇編劇，之後的雜誌媒體編輯採訪、國際公關事務、表演藝術經紀與溝通談判教學等工作，讓我在不同階段不同職場角色中，接觸許多不同領域裡形形色色的人，並積累了非常豐富的經驗和歷練。這些人都是我的生活老師，提供我寶貴的人性內容素材，讓我不斷精進研究，並出版了「生命

靈數」相關系列書籍近 30 本。讀者網友對我無私分享了大量的生活案例，讓我對生活充滿好奇熱情與永遠研究不止的動力。

我從不認為自己是個超級斜槓，也未曾將寫作出版當作職業，在年過五十後又另開始了我的繪畫創作人生。這些都是基於我的天性，在我的「生命靈數」中可以一窺究竟，我只是幸運地因為了解自己，勇於做自己，並固執堅持地做我熱愛擅長的事，在其中找到樂趣和成就感。

我非常有信心，這本《你是幾號人》將會成為你案頭最常陪伴你與使用的一本生活實用書。十七年前，它曾經引起不少話題，成為星座學外另一門自我認識的生活顯學。現在它再次以嶄新的面貌出現，我特別增加了極大篇幅，將多年研究數字振動能量的預測工具，獨門好運祕笈──**【倪端占數開運月曆】萬年曆模板**，完全公開給大家使用；這是**全球首創的西洋占數月曆**，你可以在任何時候作為「管理生活」的方向指南。每一年我都會更新**【倪端占數開運月曆】的流年運勢**內容共 288 頁，為每個人在該年 365 天的衣食住行育樂養生六大分類（32 項目）各自標記出每日的分數能量，提供大家作為「趨吉避凶」的生活指標。

「生命靈數學」（即**「希臘占數學」**）是由西元前六世紀的**希臘數學之父畢得哥拉斯（Pythagoras）**所發展出的**「生命數字科學」**；你若能善用它，就能從中得到許多新的啟示與對追求理想生活的靈感和方法。

「你是幾號人？」最大的特點，就是個人經過上萬份「一對一」諮商案例統計與歸納整理出的識人工具書，讓你能在最短時間內掌握生日個性特質、內在想法相互影響的連結。關於工作、愛情方面，也能快速

掌握特定對象的目光。

　　我要感謝十七年前第一次為我出版《你是幾號人？》圓神出版創辦人簡志中先生的慧眼與敏銳。十七年後，更要在此感謝時報文化出版的董事長趙政岷先生，看到本書真正的內涵價值，及其能協助大眾「認識自我」和實踐理想生活的方式和意義，讓《你是幾號人？》得以重生並繼續發揮它神奇的力量！

　　真心期待這本專門為你設計發現自我之書，能為你揭開成功的幸福密碼，與帶給你閱讀的樂趣與滿足。

　　讓我成為你的幸福教練與生活軍師吧！我願化成這本書時刻陪伴你，預視你美好的未來，一路為你加油打氣。

　　獻上我深深的祝福，願你日日隨喜靜好！

倪端

寫於二〇二二歲末　台北

CHAPTER

1

走進數字世界

走進數字世界，每個人都是一組數字的密碼。你的出生年月日透露了許多信息；許多身心靈權威與教育專家們，都藉由希臘智慧數得以進一步認識每個人與生俱來的特質與先天的潛在天分；學習來自希臘智慧數也是了解自己的最佳方式之一。

認識「希臘智慧數」，認識你自己

每個人都是一組數字的密碼。你的出生年月日透露了許多信息。

源自與希臘智慧數的「生命數字學」和「現代生命靈數學」在歐美流行已久，許多身心靈權威與教育學者專家們，甚至都藉由希臘智慧數得以進一步揭開我們的生命密碼，認識每個人與生俱來的特質與先天的潛在天分；學習希臘智慧數是了解自己的最佳方式之一。

你的「生命數字 DNA」三要素

生日數，代表你的基本性格與特質。

天賦數，代表你的天賦與潛在能力。

命運數，代表你一生學習的課題。

註：「生命數字 DNA」與「畢氏三角黃金數」同義，可參考作者《倪端生命靈數全書》詳細說明。

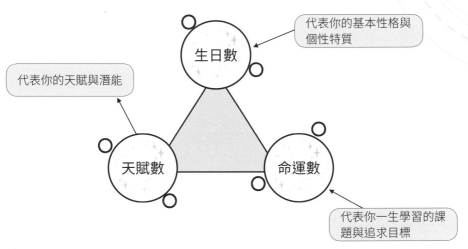

代表你的基本性格與個性特質

代表你的天賦與潛能

生日數

天賦數

命運數

代表你一生學習的課題與追求目標

 ## 生命數字 DNA 三要素完整算式

範例：莎士比亞的生日為 1564.04.23

將出生年、月和日，個別相加，得：

年：1 ＋ 5 ＋ 6 ＋ 4 ＝ 16

月：4

日：23；2 ＋ 3 ＝ 5 ← 5，是莎士比亞的「生日數」

$$
\begin{array}{r}
16 \\
4 \\
+\ 5 \\
\hline
\end{array}
$$

25　← 2、5，是莎士比亞的「天賦數」

7　← 7，是莎士比亞的「命運數」

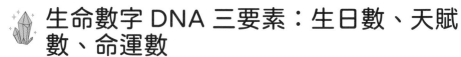

生命數字 DNA 三要素：生日數、天賦數、命運數

▶ 生日數（Birth Date）

從生日數可以看出一個人的基本性格與個性特質，如果你的生日數是 1，那你就是 1 號精靈，也就是 1 號人。

計算公式：你的出生日，就是你的「生日數」，將你的生日數字相加，計算到個位數。

範例 1：莎士比亞的生日為 1564.04.23

所以，出生日 23；2 ＋ 3 ＝ 5（計算到最後一位數字）

5 就是莎士比亞的「生日數」，他是 5 號精靈（5 號人）

範例 2：比爾蓋茲的生日為 1955.10.28

所以，出生日 28；2 ＋ 8 ＝ 10；1 ＋ 0 ＝ 1（計算到最後一位數字）

1 就是比爾蓋茲的「生日數」，他是 1 號精靈（1 號人）

【生日數＝幾號人】對照表

生日數 1	每月 1、10、19、28 日出生者	擁有獨立、積極、領導性格
生日數 2	每月 2、11、20、29 日出生者	擁有敏感纖細、懂得成全他人的性格

生日數 3	每月 3、12、21、30 日出生者	擁有討好人群、開心果的性格
生日數 4	每月 4、13、22、31 日出生者	擁有平穩、保守、不作怪的性格
生日數 5	每月 5、14、23 日出生者	擁有喜好自由與新奇事物的性格
生日數 6	每月 6、15、24 日出生者	擁有正義、無私、關懷的性格
生日數 7	每月 7、16、25 日出生者	擁有時常思慮、重視心靈的性格
生日數 8	每月 8、17、26 日出生者	擁有外冷內熱、行事充滿魄力的性格
生日數 9	每月 9、18、27 日出生者	擁有率真、喜愛人群的性格

生日數 1（每月 1 日、10 日、19 日、28 日出生的人）
擁有獨立積極領導性格。

生日數 2（每月 2 日、11 日、20 日、29 日出生的人）
擁有敏感、纖細、懂得成全他人的性格。

生日數 3（每月 3 日，12 日、21 日、30 日出生的人）
擁有討好人羣的開心果性格。

生日數 4（每月 4 日、13 日、22 日、31 日出生的人）
擁有平穩、保守、不作怪的性格。

生日數 5 （每月 5 日、14 日、23 日出生的人）

擁有喜好自由與新奇事物的性格。

生日數 6 （每月 6 日、15 日、24 日出生的人）

擁有正義、無私、無關懷性格。

生日數 7 （每月 7 日、16 日、25 日出生的人）

擁有時常思慮，重視心靈的性格。

生日數 8 （每月 8 日，17 日，26 日出生的人）

擁有外冷內熱的性格，行事具有魄力和決心。

生日數 9 （每月出生於 9 日，18 日，27 日的人）

擁有天真喜愛人羣，無心機的性格。

▶ 天賦數（Talents）

天賦數是你天生的才能、優勢，若能善用並發揮自己的天賦數，將更容易成功、出類拔萃。

計算公式：將西元出生年、月、日所有數字相加，得兩位數結果，此兩數即是你的天賦數。

範例：莎士比亞的生日為 1564.04.23

將出生年、月、日，個別相加，得：

年：1 ＋ 5 ＋ 6 ＋ 4 ＝ 16

月＋日：0 ＋ 4 ＋ 2 ＋ 3 ＝ 9（仍保持原兩位數）

$$16$$
$$+\ 9$$

25　← 2 與 5 是莎士比亞的「天賦數」

天賦數 1 —— 擁有獨立創造、領導才能、冒險開創的特長。

天賦數 2 —— 擁有溝通協調、機制敏銳、藝術美學的特長。

天賦數 3 —— 擁有表演創意、適應力強、口語溝通的特長。

天賦數 4 —— 擁有組織架構、邏輯思考、效率務實的特長。

天賦數 5 —— 擁有多才多藝、友善熱情、善誘用資訊的特長。

天賦數 6 —— 擁有智慧理解、設計審美、激發靈感的特長

天賦數 7 —— 擁有直覺感應、內心邏輯、真理辯證的特長。

天賦數 8 —— 擁有商業敏銳、執行組織、洞察遠見的特長。

天賦數 9 —— 擁有博愛關懷、樂觀分享，同理心強的特長。

▶ 命運數（Life Purpose）

命運數是你一生追求的境地，是你終身學習的目標。

計算公式：將西元出生年月日所有數字各自相加，計算至最後一位數的結果。

範例 1：莎士比亞的生日為 1564.04.23

將出生年、月、日，個別相加，得：

(A) 年：1 ＋ 5 ＋ 6 ＋ 4 ＝ 16

(B) 月＋日：0 ＋ 4 ＋ 2 ＋ 3 ＝ 9（仍保持原兩位數）

$$16$$
$$+\ 9$$

25　← 2 與 5 是「天賦數」

又，「命運數」必須計算至 個位數

➡再 A ＋ B ＝ 16 ＋ 9 ＝ 25 ; 2 ＋ 5 ＝ 7

　7 就是莎士比亞的「命運數」

範例 2：朋友開心果的生日為 1988.11.29

將出生年、月、日，個別相加，得：

(A) 年：1 ＋ 9 ＋ 8 ＋ 8 ＝ 26

(B) 月＋日：1 ＋ 1 ＋ 2 ＋ 9 ＝ 13（仍保持原兩位數）

$$26$$
$$+\ 13$$

39　← 3 與 9 是「天賦數」

又，「命運數」必須計算至 個位數。

➡ A ＋ B ＝ 26 ＋ 13 ＝ 39；

　3 ＋ 9 ＝ 12；1 ＋ 2 ＝ 3 ← 3 就是開心果的「命運數」

註 1：計算中，年與（月＋日）都保持原來得數

註 2：只有在最後「命運數」計算，才加到個位數

命運數 **1** ——
追求高人一等的成就，學習謙虛，替他人着想。

命運數 **2** ——
追求和諧、寧靜，需學習獨立自主，擁有自我主張。

命運數 **3** ——
追求所有人的認同，需學習找尋自我價值，不隨波逐流。

命運數 **4** ——
追求平穩、安定，需學習享受改變，沉穩應對變動。

命運數 **5** ——
追求自由，無拘無束，需學習專注、承諾與負責。

命運數 **6** ——
追求愛與正義，需學習看淡世事，調整自己，而非強迫他人。

命運數 **7** ——
追求心靈啟發、萬物真理，需學習實際、入世、與人互動。

命運數 **8** ——
追求遠大目標、高度熱情，需學習對自己誠實，避免壓抑。

命運數 **9** ——
追求歡樂、和諧，需學習靜心與沉思，培養耐性。

數字 1～9 基本意義一覽表

1	正面意義：獨立、積極、開創、**自主**、領導、能量
	負面意義：強勢、獨斷、浮躁、自私、懶散、吹牛
2	正面意義：敏感、**成全**、體貼、柔順、和諧、合作
	負面意義：情緒不定、優柔寡斷、難以捉摸、膚淺不安
3	正面意義：行動、樂觀、自信、表現、社交、**創意**
	負面意義：欺瞞誇大、虛榮浮華、憤世嫉俗、漫不經心
4	正面意義：忠誠、**務實**、秩序、效率、助人、自律
	負面意義：獨斷獨行、心胸狹隘、容易緊張、不易妥協
5	正面意義：聰穎、**自由**、冒險、適應強、多變化、學習快
	負面意義：博而不精、持續力差、毫不在乎、索求無度
6	正面意義：穩定、信賴、熱情、**責任**、正義、服務
	負面意義：缺乏自信、不切實際、好強爭辯、強行干涉
7	正面意義：內省、沉默、直覺、真理、**探究**、理想
	負面意義：冷漠傲慢、自我放縱、鬼鬼祟祟、冷嘲熱諷
8	正面意義：忠貞、持續、**權威**、果斷、遠見、慷慨
	負面意義：唯物主義、無道德感、心高氣傲、排除他議
9	正面意義：人性、啟發、活力、**可親**、關懷、靈性
	負面意義：卑躬屈膝、毫無原則、善於批評、沒有耐性

CHAPTER

2

你是幾號精靈？

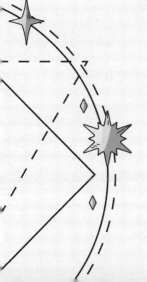
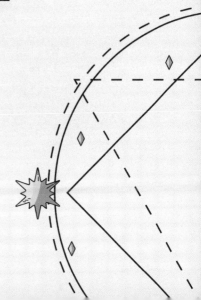

認識 1 ～ 9 號精靈

1 號精靈	**每月 1 日、10 日、19 日、28 日出生的人** 擁有獨立積極領導性格。 優點：獨立、積極、主動、自我、領導、能量 缺點：強勢、獨斷、浮躁、自私、懶散、吹牛
2 號精靈	**每月 2 日、11 日、20 日、29 日出生的人** 擁有敏感、纖細、懂得成全他人的性格。 優點：敏感、安全、體貼、柔順、和諧、依賴 缺點：情緒不定、優柔寡斷、難以捉摸、膚淺不安
3 號精靈	**每月 3 日，12 日、21 日、30 日出生的人** 擁有討好人群的開心果性格。 優點：行動、樂觀、自信、開朗、社交、創意 缺點：欺瞞、虛榮、浮華、憤世嫉俗、渙散不集中
4 號精靈	**每月 4 日、13 日、22 日、31 日出生的人** 擁有平穩、保守、不作怪的性格。 優點：忠誠、務實、次序、效率、助人、自律 缺點：獨斷獨行、心胸狹隘、容易緊張、不易妥協
5 號精靈	**每月 5 日、14 日、23 日出生的人** 擁有喜好自由與新奇事物的性格。 優點：聰穎、自由、冒險、適應強、多變化、學習快 缺點：博而不精、持續力差、毫不在乎、索求無度

6

號精靈

每月 6 日、15 日、24 日出生的人
擁有正義、無私、無關懷性格。
優點：代表穩定、信賴、熱情、責任、正義、奉獻
缺點：代表缺乏自信，不切實際，好強爭辯，強行干涉

7

號精靈

每月 7 日、16 日、25 日出生的人
擁有時常思慮，重視心靈的性格。
優點：內省、沉默、直覺、真理、探究、理想
缺點：過於冷漠、自大傲慢、自我放縱、鬼鬼祟祟

8

號精靈

每月 8 日，17 日，26 日出生的人
擁有外冷內熱的性格，行事具有魄力和決心。
優點：忠貞、持續、權威、堅定、誠懇、照料
缺點：唯物主義、無道德感、心高氣傲、排除他議

9

號精靈

每月 9 日，18 日，27 日出生的人
擁有天真喜愛人羣，無心機的性格。
優點：人性啟發、活力可親、關懷靈性
缺點：卑躬屈膝、毫無原則、善於批評、沒有耐性

你是 1 號精靈

每月 1 日、10 日、19 日、28 日出生的你

1 數是獨立、冒險。

勇氣、開創、活力、積極、冒險、熱情、直覺、激進、能量，領導、主動，堅持、魄力、領袖、自信、機智、果斷、強勢、靈感。

熱愛生命、一心一意、不甘平凡、自我意識、自命不凡、自我中心、原始創意，點子大王、作風強硬、天生老大、高人一等、獨樹一格。

 ## 1 是什麼？

認識數字 1

1 的正面特質：獨立、積極、主動、自我、領導、能量。

1 的負面特質：強勢、獨斷、浮躁、自私、懶散、吹牛。

★戴安娜王妃（Diana Spencer）1961/07/01

有「英倫玫瑰」美稱的已故英國威爾斯王妃戴安娜，在她破碎的童話婚姻故事裡，她從一位所謂婚姻受害者角色，選擇走出宮廷，貼近群眾。她生前致力於公共事務，善用個人公眾影響力，積極關懷弱勢團體，為許多慈善事業公開募款。尤其他支持國際反地雷組織，走訪世界各地交流，獲得全球媒體關注。

她的高調行徑，在保守皇室立場視為離經叛道，但她在尋找定位找回自我的過程中，經歷身心折磨，但終究接受挑戰，打破皇室枷鎖，積極參與社會服務工作。她於 1997 年一場車禍中喪生。在全球民眾心中建立了一個清明的開創形象，被稱為「人民的王妃」。

★比爾蓋茲（Bill Gates）1955/10/28

微軟（Microsoft）創辦人，1995 至 2007 年連續蟬聯 13 年世界首富之位。他從哈佛大學輟學，與夥伴共同創業，實現當初立下「希望未來全球每家都有一台電腦」之夢想。他的傳奇故事，激勵了許多人。

「金錢對我已無用，我有義務回饋社會。」比爾蓋茲在 2022 年 7 月宣佈捐出所有財產，並退出世界富豪排行榜。比爾蓋茲從一位電腦創業天才，到全然專注於全球健康衛生發展，氣候變遷與教育等議題上；他成為世界慈善家的歷程，其實也展現了他勇敢革新開創，與引領大眾打開視野的領袖特質。

★蕭邦（Frederic Chopin）1810/03/01

著名的波蘭作曲家與鋼琴家，有「鋼琴詩人」美譽，作品兼具優雅纖細與澎湃激昂，是歷史上最具影響力和最受歡迎的鋼琴家之一，也是歐洲 19 世紀浪漫主義音樂的代表人物。

蕭邦是位音樂天才，7 歲就已經創作了波蘭舞曲，8 歲登臺表演，曾獲譽為「莫札特的繼承人」。蕭邦的作品展現了極簡又精妙的和聲色彩，尤其他的一些夜曲和圓舞曲等具有沙龍性質的音樂，深受人們喜愛。而他與女作家喬治桑的姐弟戀持續多年，在在顯露出他是充沛情感與熱力的特質。

1 號精靈的幸運地圖

幸運金屬：金

幸運色彩：金色系列，如黃色、橘黃色、金、咖啡色

幸運食物：蜂蜜、蘋果

飲食叮嚀：避免太油與脂肪過多的食物

幸運寶石：紅寶石、黃寶石、琥珀

幸運數字：1

幸運衣著：1 號精靈是相當有自信的人，所以在穿著上盡量輕鬆自然，可多注意服飾本身剪裁的線條。如果你的個兒不高，千萬要小心體重，避免臃腫才好。最好是強調直線條，有流暢感又有一點寬鬆的服飾。1 號精靈在態度上很具有說服力，因此建議你在生活的打扮上盡量大膽一點無妨，高度亮彩色非常適合你。

幸運時刻：一日之中，早上 9 點到下午 3 點，是 1 號精靈表現最佳的時刻。

幸運日子：一個月當中 1 日、10 日、19 日、28 日等所有相加起來為 1 的日子，就是 1 號精靈的幸運日。

數字 1 的深度探索

了解你的 1 號性格

★ 1 號精靈──天生的 boss、老大哥

身為 1 號人的你，對這個屬於你的數字，應當絲毫不會感動驚奇吧！因為不論你外在表現得多麼灑脫，你想當 No.1 的念頭人比其他人都來得強烈啊！

很幸運的，在成為 No.1 上，你也的確有得天獨厚的條件；你不僅能堅定自己的目標，也有一套屬於自己的原則。同時，你那不凡的體力，總是能順從你的意志，支持你的一切行動，小小的變化和障礙，是不可能輕易讓你動搖的！

這種唯我獨尊的強勢風格，正是你的魅力所在。但是當心啊，並不是每一個人都像你一樣，有時你過度的投入與高標準，會形成其他人的壓力；為了你所愛的人，有時還是將身段放軟一點吧。

1 號精靈名人：伊隆馬斯克、比爾蓋茲、戴安娜王妃、瑪麗蓮夢露、伍迪艾倫、比爾柯林頓、丹佐華盛頓、Hello Kitty、茱蒂佛斯特、梅格萊恩。

★愛情模式～不甘平凡的創意家

1 號戀人的愛情是很濃烈的，平淡或細水長流的愛情不能引發你的興趣，你也不喜歡自我折磨、壓抑式的戀情方式。對你來說，愛情就是應該正大光明，且充滿喜悅與希望的。尤其你相當重視愛情的「相互性」，認為唯有雙方能夠彼此吸引，才能構成愛情的基本條件，你並不會苦苦追求心儀的對象。

1 號的你，談起戀愛來相當大方慷慨，你不會小家子氣的悶藏著你的愛意，也希望對方能以澎湃的方式回應你；其實你更巴不得能站上司令臺，向全世界宣告你們的愛情。基本上，你非常討厭偷偷摸摸的事，不是完全屬於你的東西，你根本不會想要占有。你會希望在彼此的愛意中，看到兩人對彼此的獨特性。比起其他數字精靈，你是最討厭在街上與其他人撞衫撞鞋的人。因此你的愛情也絕對不能廉價平凡。更不可隨處可得，那種「你是萬中選一」的感覺，就是你最需要的。

1 號精靈從不覺得自己是泛泛之輩，因此美麗、激昂的詞藻，在你眼中也只適用於你這種獨一無二的愛情。太平淡的戀情，會讓你覺得自己也跟著平凡了起來，讓你覺得自己整個人都失去了光彩。平凡，正是你最無法忍受的事！因此，即使是情侶吵架，你也要以特殊新鮮的方式進行，越新奇、獨特的方式，越能激發你更多的愛意。

★愛情互動～搖滾震撼的征服者

你和戀人之間的互動就像一場狩獵遊戲；不論是你狩獵對方，或是

讓對方狩獵你，你都不斷在追求一種「征服」的刺激感。對你而言，愛情要有某種程度的「權利」涉入，才能獲得滿足感。你期望與愛人時時產生火花，以確認雙方在這段感情中的重要性。

你不希望愛情僅僅是生活中的調味料，像明明存在卻無法察覺的日用品，你冀望的愛情要能發出猛烈的撞擊才行。因此，你很會營造與戀人之間互相需要的氣氛，雖然你有強烈的征服欲，但你也會讓另一半知道，他／她也同樣深深地擄獲了你，這正是你最高招的地方。

一般來說，你比較少會主動對人動心，通常你會注意到的對象，都是那些對你主動釋出善意的人。不過。只要雙方對味的話，你馬上會以濃烈的情感回報，你可不習慣總是當個被征服者，在愛情的戲碼裡，你會主動爭得自己的演出機會，變成最搶眼的主角。

★愛情大忌～愛情怎能如白水？

當兩人之間缺乏新鮮感，再也無法搭唱讚頌彼此的高調時，就是 1 號的你離開的時候。

你不能忍受平淡無趣的戀情加強在你身上的平凡感，因為你談戀愛還有一個很大的目的，就是去證明你自己！戀愛中的你，就像站在鏡前的人兒，因為對方反映出你的形象而沉醉不已；因此，當一段感情失去表演空間時，你再也不能從對方身上看見自己期望的樣貌，這段感情的存在意義也就變得相當薄弱了。

就愛情方面來說，你是相當經得起誘惑的人，除非你的戀人已經不能給你足夠的感覺了，否則你不會輕易接受其他誘惑。雖然喜歡嘗

新、刺激的你，對於大膽的新花樣接受度很高，你尤其喜歡刺激的挑逗方式，也頗能接受一夜情，但基本上你喜歡坦坦蕩蕩的。對你來說，一夜情或外遇也只不過是種新的刺激方式，無關乎更深入的感情問題。因此，你通常不會主動去靠近任何有違道德的事，除非當你對伴侶間的互動感到乏味，或伴侶對你的限制太多時，受壓抑的你很容易就會被那些刺激好玩的事給吸引。

只是，1 號戀人看似情感澎湃難以隱藏內心，但在這方面其實有得天獨厚之處。假如你不小心在外玩得太過火時，你那聰明的腦袋瓜，總能適切的轉移伴侶的注意力，即使你犯錯也不會把事情弄得太難看。

 ## 性愛樂園

♥ 性乃生活必需品

對 1 號精靈來說，「性」簡直是太重要、太美好的事，是生活中不可缺少的必需品。

旺盛的精力和體力是你天生的優勢，你特別喜歡任何可以消耗能量的身體活動。因此，「性」對你來說不只是生理的欲望和樂趣，同時也是你釋放壓力和情緒的絕佳管道。加上你總是追求創意與刺激，你說，在性方面怎可表現的太平凡呢？

床上、床下、地板、室內、戶外或車上，浴室、廚房、沙發或餐桌……你說吧，還有哪些地方？對 1 號精靈來說，性遊戲才不需要規矩，只要能挑起你們的性致，任何地點或玩法你都很願意參與配合，因為這檔事就是要玩得盡興，才有搞頭啊！

因此，你總是盡力追求性愛的歡愉，會盡一切的可能去掌握現場氣氛，希望讓雙方的情緒達到沸騰，才能有淋漓盡致的表演。雖然你對自己一貫的表現相當有自信，對方也的確跟著你樂在其中，但事實上你不是個太體貼的性伴侶，你的一切努力和精彩的表現，不是為了讓對方滿足，而是為了要滿足你自己。其實，滿足對方這件事，你可能壓根兒沒認真想過呢！

性表現良好日：星期二與星期日

性豐富期：2月、4月、8月

性節制期：星期五和星期六，以及每年1月、5月、10月

 愛情罩門

❤ 性的忠實信徒

1號的你，很在意他人的眼光，當你與某個對象走得近，但彼此關係還不是那麼確定時，在他人眼中甚至你的對象眼中，這段關係極有可能只是性關係的延伸，並不是出於純粹的愛情。由於你是這麼在意且喜歡性事，你的身上也總是散發旺盛的精力，雖然你嘴上不說、也不表現出來，但大家就是知道性「性」對你的重要性。想要吸引你，「性」絕對是一個好方法；甚至是「感性」或「性感」。

其實，「性」的確是你評估兩人關係的重要一環，但你對自己被貼上性的標籤卻很感冒，你極為不願被當成性機器。

❤ 永遠的國王大人

1號精靈很懂得滿足戀人們在戀愛中對「獨一無二」的欲求，你總

是表現出甘願被戀人俘虜的模樣。

　　但你可別誤會了，1號精靈的自尊心還是很強的，即使在戀愛中，你永遠不可能放下身段哀求，低聲下氣受戀人使喚是絕對不可能的事。在關鍵、決定性的時刻，你根本不允許對方反對，連一絲絲的質疑也不行。戀人會認為和你爭執是件吃力不討好的事情，因為你的心中似乎沒有改變的空間，對越親密的人越是如此。久而久之，戀人很容易將心事和不滿深鎖起來，讓你們之間存在許多隱性的問題。

 情人攻略祕法

❤ **如何追求 1 號精靈？大膽示愛，千萬別害羞**

　　要打動 1 號情人，你必須盡力表現出對他的傾慕！含蓄內斂的追求方式，效果絕對不彰；大膽的挑逗勾引，比較能對上 1 號情人的口味兒。

　　在兩人關係中，1 號情人特別喜歡獨特創意的相處模式，最好時時保持一點驚奇與創意，你們的愛苗才能燃燒的旺一點。

❤ **1 號精靈會如何出招？天生的魄力，令你難以忘懷**

　　和 1 號戀人在一起，令人最享受的莫過於那份「非我莫屬」的優越感了。1 號戀人總是能充分讓對方感受到自己在他心中的重要性，讓人陶醉在戀情中，不禁舉起雙手乖乖投降。

1 號精靈的工作

　　1 號的你，特別享受高高在上的感覺，你不僅天生就具有領袖風

範，你也要求自己言行的和擁有的都要比他人來的出色才行。

我們之前提過，1 號人絕對不會甘於平凡，也正是受了這股企圖心（也可以說是虛榮心）所激勵驅動，你不論在工作、金錢或學習上，為了要高人一等，都會不斷的充實自己，讓自己進步。我們當然可以形容你勤奮積極，但是「努力成為上等人」會更適合你的內在想法。

正是由於這種強烈的企圖，加上天生旺盛的精力，1 號精靈在面對任何事情時都無畏無懼，只要是有助於提升自己，你都覺得值得一試。因此，1 號精靈的包容性也很廣，因為既然要做到高人一等，自然需要一些特別的方法，若只在一般的想法和手段中打轉的話，很難搞出什麼名堂。一旦有了包容性，1 號精靈在行為思想上也會獲得很大的空間，這種渴望獨特出眾的欲望，總是能激發 1 號精靈無限的創意。

通常，設立一個偉大的計劃之後，1 號精靈是最會積極去完成計畫的人。因為一旦這個計劃得到你的認同，你就會相當迫不及待地想去得到這個計劃為你帶來的正面價值。因此，跟著你走幾乎準沒錯，因為你不僅要求自己，也一樣要求他人。你所處的團體，也很容易因你的要求而表現優異。雖然你確實很喜歡在團體中帶頭，但即使你不開口要求，大家也會自然而然地順從你的建議，甘心由你發號施令。

適合的職業

1 號精靈適合成為：發明家、製作人、設計師、導演和獨立事業的開創者。

你擁有傑出的領導能力和過人的膽識，若要聽命於一個口令、一個動作的工作和職位，這太抹殺你的天分了。你在工作中，最好有自己

發揮的空間，最好有人聽命於你指揮。此外，你豐沛的創想和改革的魄力，可以讓你在新奇獨特的產業中獨占鰲頭。

你不畏威權或艱難的挑戰，對於制式保守，或是層級觀念很深的工作環境，你最好多加三思。所以，還在基層努力的 1 號精靈，請盡快爬到能讓你有發言權的位子吧。

★只看得見自己，看不清對錯

優越慣了的你，時常顯得目中無人，驕傲自大。尤其，最要命的就是你那傲慢的態度；無視於他人的意見和感受，對其他人的想法都不屑一顧。有時他人發表意見時，你可能會逕自打斷插話，這是相當不禮貌的事情。而對你殺傷力最大的是，你的優越感會阻礙你接受他人的建議，導致你逐漸喪失判斷的敏感度，即使在錯誤的方向中也一意孤行。

★養尊處優，只發號施令

很難想像「軟弱」和「依賴」會出現在 1 號精靈身上吧！但這的確是 1 號精靈特別該要注意的地方。雖然你有積極的性格，但也僅限於你對感興趣的事物。基本上，自視不凡的你，有太多太多不屑做的事情，你都乾脆交給他人去做，依賴他人為你打點。

此外，當 1 號精靈失去心中那份對優越感的企圖時，或是當你們無法如願成為發號施令，必須聽從他人指示時，你們就像是失去了動力來

源，對所有事物都失去堅持和要求，索性什麼都依靠他人去做決定。

★衝的太快，錯過了真正的風景

1號的性格裡，有一種「非⋯⋯不可」的特性，為了達成目標，「衝！衝！衝！」就成了1號精靈的生活準則，仿佛無時無刻不在進行重要的戰事。1號積極投入的優點，有時反而會變成過度鑽牛角尖的問題；如一心一意想要達成目標，卻忽略了萬事萬物都有調整和修正的彈性。其實世界還有許許多多的可能，如果能適時將步調放慢，你會看到更多美好的風景。

1 號精靈的金錢與祕訣

1號精靈相當肯定金錢的價值，這或許與你們實際的個性有關，你認為唯有實質的金錢才是一切的保障。因此，比起名聲、權力、地位等等，金錢才能讓你真正滿足，因為名聲及權力，充其量也只是你獲得金錢的一個管道而已。

你願意用各種方式追求金錢，1號天生就是一個獨立、善於指揮他人的數字。因此，關於金錢的潛力和能量，都要靠你自己發揮。你適合以自己為出發點，以自己創業當老闆的方式去累積金錢。你的成功需要具備更強烈的企圖心，和一種渴望成功的欲望。其他人無法給你太大的幫助，最好的方式就是深入你個人的專業領域去耕耘。若能跟隨你的天賦，在獨特、新穎、具原始創意的行業中發展，將是你最容易獲得金錢的途徑。

Tips······

- 1 號精靈的偏財運不強，一切都還是要靠正當、按部就班的方式累積。

- 你需建立良好的信用，尋求正常的管道借貸金錢，以逐步建構屬於自己的事業，來賺取屬於你的金錢。

- 4 月和 8 月是你金錢上的豐收時期，2 月也有不錯的運勢，對於你從事新的行業或是開公司與人合夥都很適合。

- 當你把錢借給那些出身於 1 月、5 月、10 月的人，所有的支票都要做精細的檢查。

你所不知道的 1 號精靈小祕密

★ 1 號精靈是吹牛大王！

1 號吐真言：「打腫臉也要充胖子，牛皮當然吹的越大越好！」

什麼事情都想當老大的 1 號人，最怕自己不如別人了，若遇上與他們不熟的人，不論說什麼，1 號精靈也會為了營造完美的形象，而搏命演出。

1 號精靈吹起牛來，可是霸氣的很驚人，不信你抓隻白貓來，他們就是有本事硬說成是黑狗，連上帝都沒有商量餘地，他們總是打從心底

將這誇大的牛皮，當作事實在陳述。所以，有誰能夠像他們吹牛吹得如此投入呢？冠軍當然非 1 號精靈莫屬。吹牛冠軍 1 號精靈也有致命的缺點，他們總是陶醉在自己獨自講演的情境當中，牛皮在不知不覺中會越吹越大，往往無法覺察自己的牛皮早已經破了大洞囉！

其他的吹牛大王：

5 號精靈：現實生活未免也太單調了，加一點誇大的劇情才好玩啊！

5 號精靈愛八卦的性格，正是讓他們上榜的原因，不過他們並不是刻意吹牛，而堪稱「資訊情報站」的他們，因為資訊來源太多，有時會報錯了假消息。

9 號精靈：我是超級「人來瘋」，同伴越多的場合，牛皮就吹的越兇！

9 號愛湊熱鬧的個性，讓他們在人群中總是免不了嘰嘰喳喳的，大夥兒都愛極了 9 號精靈的天真可愛。但老實說，9 號的牛皮也特別容易吹破，效果可不算精彩。

 # 當 1 號精靈遇上其他數字精靈

當 1 號精靈碰上 1 號精靈

1 vs 1 速配指數

工作 70

愛情 65

金錢 65

1 號精靈 VS 1 號精靈：一山不容二虎

1 號精靈在個性上擁有強烈的自我意識，當兩個 1 號精靈碰在一起，很容易出現各持己見互不相讓的狀況，爭奪特別容易產生；再不然就是這兩個天生具有領袖特質的人，像「王不見王」一般，刻意保持距離，互不侵犯彼此的領域。

有趣的是，當兩個 1 號精靈建立在工作關係上，擁有一致的目標而非情感上的關係時，反而會激發彼此互助與互相提拔的鬥志與勇氣，對於彼此的需要非常強烈，是非常好的工作夥伴。

當 1 號精靈碰上 2 號精靈

1 vs 2 速配指數

工作 70

愛情 65

金錢 65

1 號精靈 VS 2 號精靈：一唱一隨，不見得是完美組合

當領導者的 1 號精靈，碰上追隨者的 2 號精靈，看來像是天底下最完美的組合，但實際情形卻是充滿無奈！這兩種人一起工作還算可以，但要談起戀愛的話，卻有說不出的不對盤。因為，1 號精靈希望擁有獨立自主的伴侶，習慣依賴的 2 號精靈便會成為很大的負擔。而 2 號精靈在遇上強勢的 1 號精靈時，會比平時更加優柔寡斷。

這個看似一唱一隨、難以發生衝突的組合，實際上想要達到完美的互動，還需多付出一些努力呢。在這個搭配中，反而需要 2 號精靈擁有自己的主見，一昧的配合 1 號精靈對兩人的關係是沒有幫助的。

當 1 號精靈碰上 3 號精靈

1 vs 3 速配指數

工作 75

愛情 80

金錢 70

1 號精靈 VS 3 號精靈：互補長短，相互輝映

1 號精靈和 3 號精靈一樣，目的都是想要獲得成功，因此這兩個數字是彼此高度認同的組合。雖然 3 號精靈追求生命中的歡樂，與 1 號精靈追求的掌控欲不太一樣，但 3 號精靈直接爽朗的表達方式，其實正對上喜歡開門見山的 1 號精靈的胃口。

3 號精靈喜歡社交，懂得如何跟人交往，正可補足 1 號精靈有時無心的過度自我，同時也可以烘托出 1 號精靈的領導長才。而目的性明確的 1 號精靈，幫助 3 號精靈認清目的和集中精力，彼此學習成長，相得益彰。唯一讓 1 號精靈受不了的，就是 3 號精靈有時花費會不知節制。

1 vs 4 速配指數

工作 85

愛情 75

金錢 85

1 號精靈 VS 4 號精靈：收放自如的好夥伴

1 號與 4 號精靈的搭配非常和諧，因為 1 號精靈是天生的創造者，喜歡大膽嘗試新的東西。而 4 號精靈雖然保守許多，但兩人共同擁有務實的特點，一旦認定目標之後，都會以積極、條理的態度和方式努力達成目標。

4 號精靈本身是個受限制的數字，有時會讓開創大格局的 1 號精靈有制肘的感覺。若兩者一同朝負面的方向發展，1 號精靈的過度自我，會讓 4 號精靈產生極大的不安感。但若兩人共同選擇正向的目標，雖在浪漫的關係中略顯不足，但 4 號精靈的謹慎規劃，卻是協助 1 號精靈成就大業的最佳幫手。

1 vs 5 速配指數

工作 85

愛情 75

金錢 75

1 號精靈 VS 5 號精靈：靜態之間，需懂得平衡的藝術

1 和 5 的組合，彼此該相互學習與調適的地方很多。1 號精靈一旦決定目標，就會認真嚴肅地勇往直前。但是 5 號精靈卻是一個喜歡享樂與多變化的人，這兩種特質，正是 1 號精靈最大的課題與挑戰。因此，如果這樣的組合出現在 1 號老闆與 5 號下屬之間，會讓 1 號老闆有點吃不消。

很有趣的是，如果這樣的組合是出現在工作夥伴或是短暫的交往當中，倒是可能擦出電光石火般的燦爛煙花。若是出現在婚姻關係中的話，當 1 號男生配上 5 號女生時，還算能控制住場面，但若是反之，就要花上比較大的力氣做協調了。

當 1 號精靈遇上 6 號精靈

1 vs 6 速配指數

工作 60

愛情 55

金錢 70

1 號精靈 VS 6 號精靈：互不相讓，尚需學習互退一步

基本上 1 號精靈和 6 號精靈都是發佈施令型的人，兩者很難真正達到和諧，發生爭執的機會也不少。因此，這樣的組合，兩者對於退讓、忍受、聆聽等等的修養，都要花上較大的功夫。

6 號精靈是一個勇於表達自己的數字，也會為自己認為的正義公平

力爭到底。這對不能接受他人質疑和反對的 1 號精靈來說，顯得比較難以接受。而在愛情與工作上，這樣的組合都會比較辛苦，除非是遇上一個溫柔可以放下身段的 6 號精靈，在彼此學習「退一步海闊天空」的道理下，相處起來就會比較和諧。

當 1 號精靈遇上 7 號精靈

1 vs 7 速配指數

工作 65

愛情 60

金錢 65

1 號精靈 VS 7 號精靈：貌合神離；兩座冰山，難有熱情

1 號精靈和 7 號精靈基本上不太和諧，雖然這兩個數字都相當獨立自主，對世界也有屬於自己的一套看法，但這兩種人都喜歡獨處，因此較難發展出熱情的關係。

在面對生活時，7 號精靈是接受並期待巧合的發生，而 1 號精靈卻是凡事主動爭取。7 號精靈喜歡自省，喜歡用行動或是心靈上的追尋代替語言，但 1 號精靈卻喜歡把自己展現出來，對物質、世俗等的成功帶有很大的欲望。兩者的本質雖有相互呼應的地方，但表達的方式可說是截然不同，不免會有兩敗俱傷、令人頹喪的場面。

1 vs 8 速配指數

工作 95

愛情 85

金錢 90

1 號精靈 VS 8 號精靈：目標一致的進攻搭檔

1 號精靈與 8 號精靈都對成功有極大的渴望，兩人若是目標一致的工作夥伴時，在權威、事業版圖的獲取上，善於規劃的 8 號精靈會對 1 號精靈有很大的幫助。為達到共同的目標，這兩者都是會暫時將所有心靈層次的追求丟到一邊，專心追求物質世俗的成功。因此，這也是所有組合中，最積極也最容易爬到高峯的搭配。但如果兩人是競爭關係時，就會有很大的挑戰。因為 1 與 8 所產生的能量非常極端，不是會帶來很大的成功，就是帶來極大的傷害。一旦意見相左時，8 號精靈會變得頑固不堪，對 1 號精靈來說相當棘手。

1 vs 9 速配指數

工作 55

愛情 50

金錢 60

1 號精靈 VS 9 號精靈：性格南轅北轍，相處最具挑戰

1 號精靈與 9 號精靈很難達到一致和諧，主要是因為這兩個數字相差太多，不論是對自己的要求或是世界觀，1 號精靈對於自己的興趣往往超過一切，只關心自己。而 9 號精靈則是處處向外看，常扮演給予者的角色；這樣南轅北轍的差異，會對彼此關係造成很大的挑戰和困境。

當 9 號精靈面對 1 號精靈時，往往會覺得自己老是在付出與附和，久而久之讓 9 號精靈覺得非常疲倦，而露出自私的一面。而 1 號精靈雖然自我，卻最討厭自私的人，因此這樣的組合可能是所有數字組合中挑戰最大的一組了。

你是 2 號精靈

每月 2 日、11 日、20 日、29 日出生的你

2 數是敏感、體貼。

成全、敏銳、柔順、溝通、合作、協調、外交、耐性、溫和、合群、忠誠、通融、和平、藝術、美感、包容、體諒、謹慎、猶豫。

缺乏主見、三心二意、搖擺不定、優柔寡斷、至善至美、歇斯底里、柔情似水、神經緊張、善解人意、忠貞不二、鬱鬱寡歡、難以捉摸。

2 是什麼？

認識數字 2

2 的正面特質：敏感、成全、體貼、柔順、和諧、依賴。

2 的負面特質：情緒不定、優柔寡斷、難以捉摸、膚淺不安。

★希特勒（Adolf Hitler）1889/04/20

德國 20 世紀初源首，著有《我的奮鬥》一書，偏激帶有堅定群眾魅力，亦為挑起第二次世界大戰的始作俑者之一。提到希特勒，首先想到的是他納粹殺手的形象，但希特勒並非一個徒有政治野心的人物，從他在獄中寫的自傳《我的奮鬥》中可以看出，希特勒其實是一個心思細膩的人，也很擅長用這種細膩去寫出動人心魄的文字。而在蓋世太保等祕密情報組織的安排上，也可以看出他如此迷宮般神祕又全面的 2 號思考。

★貝克漢（David Beckham）1975/05/02

英國著名足球明星與前英國隊隊長，與著名歌星辣妹維多利亞的婚姻受人矚目。這個英國最年輕的勳爵，對家庭體貼的丈夫，球場上最銳利的屠刀，女性眼中最完美的王子，可是一個心思細膩的 2 號人。不說別的，從他在擔任英國隊隊長帶領英國隊在 2003 年世界盃比賽中的表現，可見得他不止光有耀眼外表，還有搞緋聞的能力，也扮演了 2 號精靈的細心運籌，以及溫暖隊友的安撫角色。

★麥克傑克森（Michael Jackson）1958/08/29

美國 20 世紀八零年代著名流行音樂歌星，創下史上多張白金唱片

紀錄，有〈bad〉、〈thriller〉、〈dangerous〉等名曲。麥克傑克森是八零年代的經典巨星，在他的 MTV 中一會兒扮演狼人，一會兒又是埃及帝王。事實上，他也是個標準的 2 號和平主義者，回想看看，他的取名〈beat it〉中，最後他可是在兩方等著打架的人馬中跳舞勸架的和平使者。而他一直整容，也是想要讓自己的容貌變得更細緻溫和，這是出於 2 號精靈天生對美的挑剔。

2 號精靈的幸運地圖

幸運金屬：銀

幸運色彩：奶色、綠色、白色

幸運食物：蘿蔔和黃瓜

飲食叮嚀：避免過熱與辛辣的食物

幸運寶石：月亮石、珍珠、翡翠、貓眼石

幸運數字：2

幸運衣著：2 號人一向要求乾淨整潔，這個習性顯示在性格上，有時令人有挑剔過度的感覺。你個性和善、溫順，因此在穿著上，如果要想讓自己看起來有教養，就要注意衣服本身的柔軟度，質料有平滑感，線條要簡單，避免暗色系列。亮麗一點的服飾，有助於你的整體打扮和運勢。平時多吸收流行的資訊，從中學習如何在簡單中穿出品味。

幸運時刻：一日之中，夜晚是 2 號精靈表現最佳的時刻。

幸運日子：每月當中，2 日、11 日、20 日、29 日，所有相加起來為 2 的日子，就是 2 號精靈的幸運日。

數字 2 的深度探索

★ 2 號精靈——浪漫的和平大使

溫和、體諒的神情，是 2 號人最佳的識別標誌，你往往可以輕易贏得他人的信任，因為你真的值得！

2 號人一定很清楚自己的情緒有多敏感；多半時間，你的猶豫不決不是因為沒有主見，而是你那顆柔軟的心，怎麼也不願看到任何一方有所傷害，對於自己的情緒，卻都像是被你刻意忽略似的，但這不代表你就不會受傷。為了成全他人，你很容易妥協。能讓你奮力堅持的，大概就只有和平、圓滿了吧！

敏感細膩的 2 號人，在藝術方面極具天賦，翻開中外歷史的名人冊，會發現許多詩人、作家、畫家、戲劇家和音樂家都是 2 號人，這種柔情似水的特質，讓你一直是最佳的調停人和仲裁者。由於受人信賴，大家都愛向你傾吐心事，在不知不覺中，你也容易成為祕密和八卦的集中營！

2 號精靈名人：莫札特、貝克漢、裘德洛、麥可傑克森、妮可基曼、蜜雪菲佛、鄧麗君、瑪麗亞凱莉、瑪麗亞卡拉斯、達利。

★愛情模式～柔情似水的天生戀人

對天生追求和諧、避免衝突的 2 號精靈來說，「柔軟度」對 2 號戀人也就相對的重要。2 號戀人會醉心在一片羅曼蒂克、舒適浪漫的氣氛當中，當你被一股溫柔和諧的感受包圍時，你便會全身投入於愛的情境裡，甘願交付對方掌控。

2 號戀人很容易進入戀愛的狀態。愛，對你來說是不可或缺的。通常，外在因素的刺激加上你天性的驅使，讓你的羅曼史幾乎從不間斷。2 號戀人很容易受溫柔體貼的對象吸引，在你耳邊輕輕呢喃著情話，對你耳朵吹吹氣，或幫你撩撥眼前的髮絲……，對 2 號戀人都特別管用。因為再微小的暗示，2 號戀人都有能力接收，只要 2 號戀人對哪個對象具有一點點好感，只稍一點輕微的肢體碰觸，一些些愛的訊息，你就容易在第一次約會中投入所有的熱情。若對象是你心儀已久的人，那就更不用多說了。

很有趣的一點是，一如 2 號精靈的過度敏感，2 號戀人在面對愛情時一樣有著極端的情緒，你若非完全沉浸在愛的氣氛當中，就是對於對方的追求或彼此微妙的關係產生恐懼。但這並不影響你投入愛情的速度，因為偏偏這種恐懼感會讓你產生莫名的刺激，你也深深受此吸引。

★愛情互動～被愛，是情感的基礎

2 號戀人喜愛浪漫的感覺，天性上 2 號戀人是比較被動的，比起主

動爭取型的戀人，你比較像是接收型的戀人。因此，時常衡量自己被愛的程度，是 2 號戀人在愛情中的法則，如果對方天生不太體貼、不是太浪漫的人，無論你一開始多受對方吸引，過不了多久，你就會身心抱怨，轉向其他可以給你更多浪漫感覺的人。

2 號戀人喜歡與伴侶有形影不離的關係，也很喜歡彼此之間親密的舉動。甜言蜜語和肢體的碰觸在 2 號戀人的戀情裡是不可缺少的，你認為這就是戀愛應有的行為。2 號戀人對愛相當渴望，從不嫌多，不過 2 號戀人卻很少主動行動，總是默默地等待伴侶的寵愛，也多半用一雙柔情的眼神等著看伴侶的表現。

★愛情大忌～承受不起爭執與衝突

2 號戀人非常經不起摩擦和爭執，所有不和諧、不柔和的狀態，對 2 號戀人來說都是一種莫大的壓力。2 號戀人就像一隻易碎的玻璃，當面對暴力或衝突，2 號戀人就像個容易嚇壞的孩子，即使事過境遷，2 號戀人心中很容易留下陰影，久久難以平復。因此，當一段戀情開始出現頻繁的衝突時，就是 2 號戀人準備拔腿脫逃的時候。

但是 2 號戀人很容易心軟，也堪稱是復合率最高的數字。2 號戀人很難拒絕他人的柔情攻勢，往往經不起戀人的苦苦哀求，又重新回到曾經傷害自己的人身邊。基本上，2 號戀人是無法忍受寂寞孤單的，再加上從不懂得明確的說不，也很容易被追求的攻勢打動，因此 2 號戀人身邊很少有空缺的狀況，和身邊的人比較起來，2 號戀人像是無時無刻都在談戀愛似的。

 **性愛樂園**

♥ 性不是肉體交易，是情感交流

　　柔情似水的 2 號戀人，在從事性活動時也傾向緩慢柔和的方式。你希望被溫柔浪漫的氣氛包圍，讓激情以一種循序漸進的方式被點燃。你討厭性愛變成一種逞一時之快、性急的衝動，認為那絲毫沒有美感可言。

　　對 2 號戀人來說，性與愛是不可分割的，因此你很少從事僅僅只為純粹肉慾的性發洩活動，你對肢體的來回互動表現特別講究，希望在每一分每一秒的肢體接觸中都能表達你的愛意和情感。因此你也很在意做愛時周圍的氣氛，你會刻意營造羅曼蒂克以及舒適的環境，讓雙方都能無憂無慮的投入性事，達到淋漓盡致的境界。此外，2 號戀人對「水」有特別的感覺，喜歡利用沐浴或在有水的環境從事性愛交流，那會讓你特別興奮。當對方頂著溼淋淋的頭髮、身體因溼漉漉而曲線畢露時，最容易引起 2 號戀人的遐想。

　　值得一提的是，情緒較為複雜的 2 號戀人，常會在性幻想中羅織故事情節，你的性幻想對象可能是異性也可能是同性，甚至可能是自己的親友和家人。基本上，愛和恐懼在你生命中扮演很重要的角色，越禁忌的想像越能同時引發你愛與恐懼的雙重感受。

性表現良好：星期一、星期五

性豐富期：3 月、5 月、7 月、10 月

性節制期：星期二、星期六，以及每年 1 月、4 月、11 月

 **愛情罩門**

♥ 愛的太緊也會窒息

2號戀人是屬於依賴型的戀人，你需要情人常常在你身邊陪伴，否則你很容易對戀情產生不安感。

最要命的是，2號戀人不懂得主動開口要求，但又需要非常多的關愛。因此，2號戀人常常會以黏在伴侶身邊的方式來表現你的支持和需求。這種舉動在甜蜜的時期會顯得很窩心，2號戀人總是樂於參加伴侶和朋友的聚會，也認為雙方應該完全坦誠、完全分享。但在伴侶需要個人空間時，你反而就像個不懂得看臉色的跟屁蟲，依附性強很難甩開，有時還真會讓伴侶喘不過氣來。

奉勸怕寂寞的2號戀人，多多學習獨立的本領，在戀愛時也切勿將戀人當作你生活中的唯一，不要事事都得依賴對方，搞得連自己似乎肢體腦袋都退化了。

♥ 天生的受害者模樣

一點點小小的摩擦爭執，就足以讓2號戀人傷心難過大半天。天生無力面對暴力衝突的2號戀人，面對不愉快的事物也特別容易小題大做。別以為你安安靜靜的獨自難過，就不會造成太大的影響，你那一副天生弱者的模樣，總博得旁人的同情，這叫伴侶既內疚又覺得無所適從。

2號戀人多屬「逆來順受型」的戀人，你會為了避免衝突而極力忍讓，看似是一種包容的美德，但從另一個角度來看，你不反映內在真實情緒，根本就是在逃避問題呀，而且你私下其實也常常抱怨覺得非常不爽。

 **情人攻略祕法**

❤ 如何追求 2 號精靈？「羅曼蒂克」是攻陷 2 號情人的不二法則！

舒服、浪漫、和諧的氣氛，最容易挑起 2 號情人的愛意，敏感的 2 號情人，任何小細節都可能讓他們陶醉不已。

通常 2 號情人對感情也講求「禮尚往來」，你付出的越多，2 號情人回饋的也就越多。

❤ 2 號精靈會如何出招？浪漫氣氛的營造大師，讓你不經意就陷入愛河……

2 號精靈從不吝於表現愛意，在他們的巧思之下，環境周遭的事物都能巧妙地變成愛的話語。2 號精靈並不適合短促且精確的遊擊戰，而是擅長逐漸滲透的心理攻勢。當你在 2 號精靈身邊時，總是能不斷地看見他們展現的愛意，久而久之，在你眼中 2 號精靈也就越來越有魅力。

2 號精靈的工作

2 號精靈有一項通天的本領，不論在任何場合中，你就是有辦法深入人心，讓人打破心房說真話。溝通，是 2 號精靈的強項，因為你打從心裡相信「什麼事都可以溝通，什麼問題都可以商量」。而 2 號精靈天生的性格和行為都相當溫馴，面對人絲毫不擺出咄咄逼人或壓迫的態度，常給人一種安心踏實的感覺。

2 號精靈最獲人信任的地方在於，你看來就是一副無欲無求的模樣。你處事周圓，不會讓人覺得你想與人競爭的狀態，因此大多數人也不會與你發生利益衝突。當一個人的立場中立，不帶任何色彩時，往往

就是人們樂於傾吐信任的對象。加上 2 號精靈特別懂得成全的美德，你願意犧牲自己的好處去換得他人的快樂，看到別人開心的樣子，往往才是你最大的幸福。人們也因此樂於與你分享他們的困難和煩惱。

你細膩的心思，讓你對人的情緒反應觀察入微，同時也讓你擁有體貼、善解人意的性格，這無疑使你成為處理細節事務時的最佳人選。雖然 2 號精靈常常看來沒有屬於自己的立場，但你卻因此能夠深入各種不同的觀點，讓你在溝通協調時成為一張最純淨的空白紙，充分體會雙方的需求，做出有利於雙贏的協調與建議。

適合的職業

2 號精靈適合成為：外交官、藝術家、舞蹈家、醫護人員和溝通協調者。

2 號精靈生性不喜歡衝突，你喜歡世界呈現一片柔美的景象。因此，只要是能達成這個目的的工作都很適合你，像是解決紛爭、促成共識、協調溝通……或是發展藝術、美學的相關職業。

一般來說，2 號精靈並不是個太獨立、能夠獨處的人。你傾向與人接觸，與團體一同合作的事務，團體融洽的氣氛特別能帶給你安心、穩定的感覺。你在競爭力很大的環境中也特別容易緊張，會比其他人更感到難以負荷的壓力。因此，在選擇工作事業時，你需審慎考慮你的工作環境。

★缺乏自信

合群，尊重他人意見，絕對是種了不起的美德，但是你卻過分以他人的意見為意見，真不知是禮貌過了頭，還是你不夠有擔當?!

長久下來，2號精靈依賴他人成性，讓你很少為自己做決定。你強烈缺乏自信心，平時就容易情緒起伏緊張，遇上突發狀況更顯得歇斯底里，沒有他人在旁，就好像什麼也做不成，問你意見也好像沒問一樣。

★立場飄忽不定

2號精靈是標準的騎牆派，你從不與人作對，讓你很難有什麼忠誠度可言，你唯一堅信的立場就是「能讓步就讓步，能不吵就不吵」。

2號精靈很容易同情他人或受他人影響，要說服2號精靈改變立場其實並不難，不過要2號維持立場也沒那麼簡單。雖然，你的選擇多半是大家可以預期的，不過也沒什麼人敢說他們真正了解你。

★情緒，讓人避之唯恐不及

當情緒找上2號精靈時，所有人就等著接受一場混亂。你那敏銳易感的情緒，簡直就像是你的主宰。為了保護你的情緒，你行事都格外小心翼翼，既龜毛又放不開。偏偏老是配合他人的2號精靈，總認為自己是犧牲受害的一方，其實是你過分在意他人的看法，老是下不定決心，

一會兒要東，一會兒要西，不僅讓自己的情緒跑入死胡同裡，也讓身邊的人跟著受難。

2 號精靈的金錢與祕訣

2 號精靈通常覺得談錢是既傷感情又俗氣，因此在面對金錢的問題時，尤其是為 2 號精靈自己賺的錢，你幾乎都難以啟齒，非常不好意思開口。

基本上金錢往往與爭端劃上等號，因此天生避免衝突的 2 號精靈也會盡量離金錢遠遠的。由於缺乏與金錢做好朋友的動力，2 號精靈想要一夜致富，是不太可能的，想要有錢，就得靠自己一步一腳印的慢慢累積囉。

因此，對 2 號精靈來說，固定收入的多寡直接影響你的財庫，你多半得靠自己工作專業方面的實力贏得金錢，或是從事公共關係事務另外得到額外的報酬。值得注意的是，2 號精靈很能贏得他人完全的信任，若你能發揮天生的外交手腕和成全他人的天性，充分在他人財務方面的工作給予協助，你也很容易因此獲得提拔或實際的獎賞，這對你的金錢收益大有幫助。

Tips......

- 2 號精靈的偏財運不強，財富都是靠辛苦累積而成，因此在開銷上更該懂得控制。
- 平時購物的時候，多買點打折的東西對你是有幫助的。
- 出生於 5 月、7 月、10 月的人最適合成為你生意或是財務上面的夥伴。
- 與出生於 4 月、11 月和 1 月的人有金錢借貸關係時，要特別小心。

 # 你所不知道的 2 號精靈小祕密

★ 2 號精靈是撒嬌冠軍！

2 號吐真言：「世界需要更平緩，人們需要更柔順。WORLD PEACE ！」

2 號精靈天生就不懂得拒絕和忤逆，永遠都是一副柔順可愛的模樣，即使沒有任何目的和要求，也常可以發現 2 號精靈用一種撒嬌的語氣在說話。2 號精靈生性愛好柔和、具美感的事物，你可以說 2 號精靈愛好和平，但更可以解釋成 2 號精靈害怕且無力處理爭吵與衝突的場面。

最重要的，2 號精靈有一副天生不與人作對的柔軟性格，即使撒嬌的目的達不成，2 號精靈也絲毫不會動氣，反而懂得調試自己，順應他

人，簡直將撒嬌的真正奧義，完全透徹了解到骨子裡。

其他的撒嬌好手：

3 號精靈：撒嬌是世上最高明的手段，是看似弱勢的強勢，看似被動的主動！

演什麼像什麼的 3 號精靈，不僅目的性明確，撒起嬌來就是有辦法讓人全身軟綿綿，感覺輕飄飄的。

9 號精靈不管發生什麼事，跟著笑就對了；不管要做什麼請求，撒撒嬌就對了！

9 號精靈相當清楚，撒嬌是一種相當有利的手段，但沒心計的 9 號精靈撒起嬌來，反而有另一番逗趣的效果。

當 2 號精靈遇上其他數字精靈

當 2 號精靈碰上 1 號精靈

2 vs 1 速配指數

工作 70

愛情 65

金錢 65

2 號精靈 VS 1 號精靈：一唱一隨，不見得是完美組合

當領導者的 1 號精靈，碰上追隨者的 2 號精靈，看來像是天底下最完美的組合，但實際情形卻是充滿無奈！這兩種人一起工作還算可以，

但要談起戀愛的話，卻有說不出的不對盤。因為，1號精靈希望擁有獨立自主的伴侶，習慣依賴的2號精靈便會成為很大的負擔。而2號精靈在遇上強勢的1號精靈時，會比平時更加優柔寡斷。

這個看似一唱一隨、難以發生衝突的組合，實際上想要達到完美的互動，還需多付出一些努力。在這個搭配中，反而需要2號精靈擁有自己的主見，一昧的配合1號對兩人的關係是沒有幫助的。

當2號精靈碰上2號精靈

2 vs 2 速配指數

工作 65

愛情 75

金錢 75

2號精靈 VS 2號精靈：缺乏領導才能

2號精靈本身在性格上是比較柔和，且能夠退讓的，把兩個2號精靈放在一起去做比較的話，他們會彼此相互依賴；要從他們之間選出一個領導者是非常困難的，因為2號精靈在獨當一面的責任感方面比較欠缺，兩人都寧願去做跟隨者。

總括來說，這樣的組合不夠積極，在執行力度和動作上缺乏正面能量。特別是當兩個2號精靈在一起合作去完成一件工作時，大家會技巧性相互推諉。然而，2號精靈的人在建立友誼的部分，會表現的很融洽。兩個2號精靈碰到一起，最好的表現，是彼此之間都有很好的直覺能力。

2 vs 3 速配指數

工作 85

愛情 95

金錢 85

2 號精靈 VS 3 號精靈：和諧的一對兒

2 號精靈和 3 號精靈在一起時，無論是工作還是生活協調度都相當好。3 號精靈本身的性格是外向愛表現的，在表達上很精準，在社交手腕的運用和待人處事方面，顯得較為天真。而 2 號精靈恰恰較能傾聽，也愛跟隨，常常會附和。當 3 號精靈在侃侃而談，表現自己的觀點意見時，2 號精靈會在一旁敲邊鼓，給予 3 號精靈勇氣以及喝彩聲。

可以看出，2 號精靈和 3 號精靈在各個關係上都很和諧，無論是在愛情還是在友誼方面，都能達到一個比較完美的組合。

2 vs 4 速配指數

工作 80

愛情 80

金錢 75

2 號精靈 VS 4 號精靈：互相配合，相處融洽

2 號精靈和 4 號精靈在關係上是相當和諧的，2 號精靈一向傾向於與別人合作，也願意做個跟隨者，而 4 號精靈在組織能力方面有相當的天賦，對事情的看法，邏輯性思維非常棒，在創建舞臺和建立基礎架構上都強於 2 號精靈。由於 2 和 4 本身就是兩個非常重視細節的數字，都樂意去處理事件中較瑣碎的部分。

當有衝突發生時，4 號精靈性格較為自持。而 2 號精靈能夠體諒對方，往往會先退讓，在協調雙方的關係中做一個軟化劑。兩者間唯一比較大的差距是，2 號精靈的性格敏感，4 號精靈則顯得過於理性，在性格社交方面又不如 2 號那麼注重小節，所以常常會被 2 號精靈批評不夠體貼。

當 2 號精靈碰上 5 號精靈

2 vs 5 速配指數

工作 65

愛情 60

金錢 60

2 號精靈 VS 5 號精靈：君子之交淡如水

2 號精靈和 5 號精靈，在關係上有很多需要依賴彼此的地方，他們在簡單的友情相處方面會比較融洽，但如果涉及到嚴肅一點如異性關係，或者是更深入的交往上，衝突感就會隨之而來。因為 5 這個數字，一向喜歡自由，喜歡速度與不斷地變化，這種特性對依賴性很強的 2 號

精靈來講，很難去附和、成全、追隨。

2 號精靈想要的是一個能提供他安全感的穩定關係，而偏偏 5 號精靈喜歡獨立自主，像風一樣不受拘束，這勢必給 2 號精靈造成一個很大的心理負擔和負面影響。

當 2 號精靈碰上 6 號精靈

2 vs 6 速配指數

工作 85

愛情 95

金錢 90

2 號精靈 VS 6 號精靈：天生一對的絕配

數字 2 和 6 是非常棒的一個組合。2 號精靈希望依賴比他強的對手或是對象，能以一顆寬容的心去對待對方。6 號精靈能給予一般的人穩定、勇氣和自信心，當他們一起工作相處或是建立起密切的朋友關係時，能夠互相學習，互相支持，幾乎各方面都能處理的非常好。

2 號精靈和 6 號精靈都是充滿熱情和愛心的，彼此都願意付出，會站在一個客觀的立場上考慮事情。6 號精靈能提供給 2 號精靈最需要的穩定感，他們在婚姻關係上可以說是絕配！

2 vs 7 速配指數

工作 70

愛情 65

金錢 70

2 號精靈 VS 7 號精靈：冰與火的較量

2 號精靈本身的性格是需要擁抱，需要溫暖，需要人陪伴的。7 號精靈則喜歡獨處，盡量與一般人保持一種距離感，他能深思熟慮，不喜歡被打擾。兩者最大的差距就是在性格上。

7 號精靈被視為一個特殊的、與眾不同的、跟別人有很大差異性的角色。2 號精靈剛好相反，他們希望被大家所接受、所認同，喜歡參與群體中的角色。他們之間在立場上的截然不同，若兩者相處時，彼此之間都要付出很大的努力才能達到相互了解。

2 vs 8 速配指數

工作 75

愛情 75

金錢 70

2 號精靈 VS 8 號精靈：個性互補最佳拍檔

8 是振動率最強的一個數字，8 號精靈帶有一種相當強而有力的能量，這和 2 號精靈相比可以說是天壤之別。8 號精靈有很強的意志力，在很多方面表現的非常獨斷，但又不乏精準，並且在對現實社會事務的取得方面，有很強的企圖性。2 號精靈缺少的正是這種能力。

在正面關係上，由於 2 號精靈心甘情願做個跟隨者，8 號精靈若是能充分發揮自身的領導才能，他們之間很有可能會變成夫唱婦隨，或婦唱夫隨的關係。

2 vs 9 速配指數

工作 75

愛情 85

金錢 80

2 號精靈 VS 9 號精靈：價值觀決定一切

2 號精靈和 9 號精靈，總的來講是和諧的，彼此間的互動關係也相當良好。在很正面積極的狀況下，他們都非常願意給予，也只有在這種相互不斷的付出和給予中，2 號精靈才能得到滿足感，才會覺得自己很傑出，自身的價值也完全體現了出來。

2 號精靈是希望能夠被需要的，而 9 是一個付出的數字。若在一個負面的關係下，9 號精靈也可能變得百分百的自私，他的角色也會從一個絕對付出者轉變成絕對的攫取者，這往往會傷害到 2 號精靈。因此，在價值觀上能否達成一致，就成了兩者在未來能否相處融洽的一個關鍵。

你是 3 號精靈

每月 3 日、12 日、21 日、30 日出生的你

3 數是表現、開朗。

行動、群體、開朗、樂觀、大方，幽默、熱忱、社交、自信、創意，藝術、熱心、善妒，耽溺、激發、形象，表演、虛榮，適應、賣弄、自戀、誇張。

活潑外向，音樂細胞、熱力四射、誇大其詞、揮霍浪費、虛假膚淺、多嘴饒舌、漫不經心、賣弄風情、適應力強、注重表面、不切實際。

3 是什麼？

認識數字 3

3 的正面特質：行動樂觀，自信開朗，社交創意。

3 的負面特質：欺瞞、虛榮、浮華、憤世嫉俗、渙散、不集中。

★巴哈（Johann Sebastian Bach）1685/03/21

有「音樂之父」美稱的 17 世紀音樂家，作品具有均衡之美，也奠定平均律等樂理，有〈郭德堡變奏曲〉、〈布蘭登堡協奏曲〉等多首名曲傳世。

巴哈是巴羅克音樂時期最有名的作曲家，也被大家尊稱為「音樂之父」，更是典型充滿音樂細胞的 3 號精靈代表。

巴哈的作品充滿了均衡的結構性，讓人聽起來總覺得特別的寧靜歡愉。同時他的音樂多是用於讚頌天神，因此創作出來的音樂特別平和，如〈郭德堡變奏曲〉、〈耶穌吾名仰望之喜悅〉等清唱劇，都是傳世不朽的名作。

★梵谷（Vincent Van Gogh）1853/03/30

荷蘭印象派著名畫家，作品筆觸粗獷、用色濃烈，有〈向日葵〉等作品傳世。

梵谷生前歷經坎坷與風霜，他的畫作中顏色與線條相當強烈，充滿顯示 3 號精靈在藝術創作上的特有能量。在他一生的際遇中，曾經有過到礦區擔任牧師的經歷，雖然他苦行貼近群眾的作法不受教會認同，卻贏得了教區貧困民眾的心，並得到「瓦斯美的耶穌」之風封號，這種特

質亦是 3 號精靈為人們帶來歡樂純真的天生性格。

★艾迪墨菲（Eddie Murphy）1961/04/03

美國著名諧星，演出逗趣幽默，成名作《比佛利山莊超級警探》等電影。

3 號精靈就是擁有幽默風趣，引人發笑的本領。瞧！光是看到艾迪墨菲的表情，就能讓觀眾開心起來。他的表演精彩多變，扮演過獸醫、忽胖忽瘦的大肥仔，反串女人的臥底警探等闊度極大的角色，充分證明他這個 3 號諧星天生逗趣的本事與表演功力。

3 號精靈的幸運地圖

幸運金屬：錫

幸運色彩：紫色系列，如淡紫色、紅紫色

幸運食物：鳳梨和葡萄

飲食叮嚀：避免容易產生亢奮的尼古丁和咖啡因

幸運寶石：紫水晶

幸運數字：3

幸運衣著：友善的 3 號人，很會和別人溝通談話，你在藝術上的天分也會反映在穿著上，你會特別講究穿戴一些裝飾性強的珠寶，或者是精巧的服飾配件。但切勿過度的打扮自己或追趕潮流，把重點放在衣料的質感上，會讓你看起來更高貴。

幸運時刻：一日之中，任何時刻都是 3 號精靈的表現最佳時刻。

幸運日子：一月之中，3 日，12 日，21 日，30 日，所有相加起來為 3 的日子，就是 3 號精靈的幸運日。

 ## 數字 3 的深度探索

★ 3 號精靈──散播歡樂的開心果

如果有人嫌日子枯燥無聊，找你就準沒錯了！因為 3 號人永遠有讓人哈哈大笑的本事，在人群中一向是那麼的受歡迎。

正因為這種歡樂的特質，3 號人也特別有創意，隨時有新奇好玩的點子產生，就如同喝水吃飯一般信手拈來。因為創意幻想，是你日常生活不可缺乏的重要內容，你不費吹灰之力也無須多花腦筋思考，就能讓多少人羨慕你。

作為一個 3 號人，你總是清楚自己的優點在哪裡，你玩耍起來就像個孩子般投入，不論旁人發出多大的笑聲，其實最樂在其中的就是你自己。做一個開心果，正需像你一樣，要有足夠的自信，才能夠放得開盡興表演啊！

3 號精靈名人：伊麗莎白二世女王、馬龍白蘭度、艾迪墨菲、羅賓威廉斯、達爾文、丘吉爾、巴哈、梵谷、阿諾史瓦辛格、林青霞。

★愛情模式～愛情，是一種衝動

3 號戀人是屬於活在當下的戀人，基本上你不會對不實際的事情發生幻想，你或許會喜歡承諾所帶來的激昂情緒，但在愛情中，其實你是不相信永恆和承諾的。

3 號戀人是正宗的外貌協會成員，你很容易受直接的感官吸引；像厚實的胸膛、修長的美腿、高翹的臀部，迷人的微笑……，這些都很容易立刻吸引你。此外，一些心動、醉人的情景；像是羞澀的眼神和表情，或是親切溫柔的態度，也很容易讓 3 號戀人陷入愛情。基本上你很重視當下的感覺，你不喜歡用理智的態度來面對愛情，你也不喜歡對方想得太多，因為喜歡就是喜歡，愛就是愛嘛！愛情就是一種衝動啊，何必考慮這麼多呢！

★愛情互動～愛就在小動作之間

3 號戀人的愛情是很感官的，你很喜歡和你的對象搞點明顯卻又不會太明顯的小把戲；基本上，3 號戀人不會閃躲或隱藏自己的感覺，可是畢竟愛情是兩個人之間的默契，要你將情感直接的攤在陽光下，你也不是辦不到，然而就是少了那麼一點好玩的情趣啊。

但話又說回來，你雖不希望直接向大家宣告你的戀情，但 3 號戀人還是希望這些小小的把戲和情感的互動，能夠被大家看在眼裡，因為就連最隱私的感情部分，你都希望可以成為大家的話題。

3 號戀人最喜歡用眼神、言語暗示自己的伴侶，也希望對方能以相同的方式回應；如眨眨眼、揮揮手、若有所指的微笑，或是為了逗你開心的笑話都會讓你興奮不已。你很喜歡這種純粹動物性吸引的感覺，不論是誰捕獵誰，都能夠讓你樂此不疲。

★愛情大忌～沉重不要來

　　愛情當中，如果出現太多爭吵、猜疑等負面情緒時，就是 3 號戀人離去的時候。

　　對 3 號戀人來說，愛情是兩人之間最純粹的吸引，這種吸引應當是輕輕鬆鬆、快快樂樂的，不該是那種勞心費神的負擔。之前曾經提過，3 號戀人不喜歡以理性來處理感情，因此當感情出現問題或是悲傷、憤怒等負面的情緒時，都需要傷神動腦來解決，這偏偏是最令 3 號戀人最反感的部分。

　　一般來說，3 號戀人都是人緣極好、極易相處的對象，這也正符合 3 號戀人的理想。因此，若一個對象具備了挑釁、暴力、抱怨、憤世嫉俗等特質和行為時，對 3 號戀人都是難以承受的負擔。無論 3 號戀人在感官上多麼受對方的吸引，但傷神的負面特性，恐怕還是難逃他感情生變的命運。

 性愛樂園

♥上帝賜予人類最好的禮物之一

　　3 號戀人很懂得把握當下，很懂得享受直接的、立即的感官刺激。

因此，「性」對 3 號戀人而言，是上帝賜予人類最好的禮物之一，是再自然不過的事情。3 號戀人對「性」的態度很開放，不會在追求性的歡愉上躲躲藏藏，而且再刺激、暴露、淫穢的性圖片和影片等等，都不會令你感到吃驚或害羞。

正因 3 號戀人將性視為如此自然且必要的事，你自然很懂得享受火熱的挑逗、多 P、角色扮演……各式各樣的樂趣，3 號戀人都樂於嘗試，不同的情境、裝扮都能輕易挑起你的欲火。情趣用品店，簡直就是為你這類的客人而開的。

不過，享受歸享受，3 號戀人雖然在身體的享受上極為開放，但仍會以相當保守的道德標準去面對性，你會認為「性，還要以愛為基礎」。因此，「性幻想」在 3 號戀人的性事中扮演了很重要的角色。因為當你在現實世界裡沒有機會實現，你也一定曾在腦中排演。

你對性重視的程度，直接反映在你性方面的表現上，而生活裡少了性，對 3 號戀人來說就是件極為殘酷的事情。通常 3 號戀人在性事上很容易進入狀況，表現也都挺令人滿意的。很有趣的一點是，3 號精靈好像都不怎麼容易老，看起來總是較同年齡的人年輕。其實，活潑的性態度，正是 3 號戀人保持青春精力的祕密之一。

性表現良好：星期四、星期五

性豐富期：3 月、5 月、10、12 月

性節制期：星期三、星期日，以及每年 2 月、6 月、9 月

愛情罩門

♥ 玩瘋的小孩難以伺候

多半時間你就像個玩瘋的小孩，什麼都要碰，什麼都要玩，不斷需要人關心和注意，要你靜下來享受一個寧靜浪漫的片刻，簡直是難上加難。

光是滿足你愛玩的需求，就已經讓戀人精疲力盡，更別說你還會不斷嘮叨抱怨，嫌這個不夠有趣、那個不夠刺激。千萬別看你一副樂天愛耍寶的模樣，偏偏一個不小心不注意，只要稍稍忽略了你，你那孩子般的幼小心靈還真容易受傷啊。

♥ 不體貼考驗伴侶的自信心

美麗的、刺激的事物，是如此容易吸引你的目光，你的一顆心也就跟著暫時漂浮飛翔，這叫你的戀人怎麼能不擔心、不吃味兒呢？偏偏在此時，你就常少了一根筋，甚至就在戀人面前誇讚起其他的猛男辣妹，總讓你的伴侶心裡很不是滋味。

最嚴重的，就是你老被一些稀奇古怪、特殊風格的人物所吸引，望著那些難以比較和模仿的特質，往往會重重打擊你戀人的自信心呢。

情人攻略祕法

♥ 如何追求 3 號精靈？先打理好門面

想要打動 3 號情人，至少要先打理好你的門面吧！在感情世界裡，3 號情人很喜歡暗示，若將話挑的太明，對 3 號情人而言反而失去了樂趣。不過 3 號情人也很注重感官的享受，不論你的挑逗，再怎麼打動 3

號情人的心，若你實在是邋遢地帶不出門，他好不容易燃起的熱情，恐怕還是會被澆熄哦。

● 3 號精靈會如何出招？他是戀人的最佳伴玩伴，在玩樂歡笑之中，令戀情偷偷加溫。

　　3 號精靈總是有新奇好玩的點子，你在他身邊從不無聊，絕對可以玩的盡興。他總是這麼合群，即使出席你和朋友的聚會，他總是讓大家留下深刻的好印象，也為你做足了面子。

　　當你狂笑不已，忙著擦拭眼角淚水時，總不會還有餘力武裝自己吧？3 號精靈就是在這個時候輕易入侵你的心。如果你對歡樂上癮的話，看來他遲早會攻陷你。

3 號精靈的工作

　　3 是一個表演性質很強烈的數字，你很需要他人的目光和掌聲，因此你很懂得將最美好精彩的一面呈現在他人面前。你不論是透過肢體、言語或是工作表現過程中，都能將它像是一場愉悅的饗宴般呈現出來。

　　在一般的情形下，很少看到萎靡不振的 3 號精靈。你在人前總是與歡樂畫上等號，你不僅能夠振奮自己，也足以鼓舞他人。你那副積極、樂天的模樣，就是最好的範本。只要在你身邊，任何平凡的小事都會變得趣味盎然。因此，「帶給別人快樂」無疑成為你最大的生活價值，你是歡樂氣氛的製造者，任何活動聚會，最好都派你去打頭陣，好把場子熱一熱。

　　別看 3 號精靈一副悠閒、玩樂慣了的模樣，骨子裡的 3 號精靈可是相當聰明的；因為，帶給他人歡笑，絕非一件輕鬆的任務。看似嘻嘻哈

哈、不傷大腦的言行之下，其實需要更多的敏銳和觀察，如此才能有效掌握及改變他人的情緒。只是，3 號精靈從不喜歡將自己的才華和智力捧得高不可攀，你情願在歡樂的氣氛中與大家分享。

在日常生活當中，我們可見 3 號精靈無時不以一個表演者自居，從不分場合和舞臺大小，在任何情況下都能賣力演出。而 3 號精靈的表演也一向特別突出，因為在人前的表演和形象，一直是你最重視的個人表演戰場。

美，是 3 號精靈很重要的特質；所有與美、藝術、設計有關的事物特別跟你有緣。你天生在思維上極為具有創意，這正是你能夠精彩表演的來源。此外，3 號精靈在音樂藝術方面有極高的天分，也有極佳的品味，若能在此好好栽培發揮，都將會在你任何形式的表演當中，成為可利用的豐富資源，讓你的表演更具超凡的水準。

適合的職業

3 號精靈適合成為：作家、音樂家、表演家、諧星和藝術事物的推廣者。

3 號精靈擁有很好的藝術細胞，並擁有獨立思考的能力，也可以作為一個很出色的創意者或表演者。只要有機會，你都能將你的才華以很適切的方式發揮展現。從人格特質上來看，3 號精靈其實無法忍受默默無聞、淹沒在人群當中的工作。你需要一個足夠展現個人魅力的舞臺，因此最好避免一板一眼、制式化的工作，最好能讓你或你的作品、案子可以直接面對人群，好展現你的特殊，讓你有機會與他人做區隔。

★要的太多，做的太少

　　由於要求強烈的感官享受，3號精靈常期望自己處於理想亢奮的狀態當中，對於期望的事物，你總是顯得急躁，一副非要馬上到手不可的樣子，缺少了一些等候的美感和耐心的美德。尤其當你的事前的功夫，基礎打得並不紮實的時候，你那副想要立刻享受好處的模樣，讓人一眼就看穿你既付出得少卻又要求得多，簡直是個不知天高地厚的傢伙。

★東想西想還是夢

　　創意驚人的你，腦中的理想不僅特別多，也特別美，特別大，但是事情不是光靠想像，美好就會從天上掉下來。因為，夢想過多還反映一種狀況，就是你缺乏實際操演的能力呀！

　　3號精靈追尋的是一種即興的、短暫的歡愉，這往往讓你只是瞻前不顧後，有時連建構理想的能力也變得不切實際。久而久之，你只看得見眼前膚淺的東西，對於事實真相或他人的建議，你的腦子往往會排斥去接受。

★強烈的自戀，讓你進入耽溺世界

　　你之所以對表演如此熱衷，就是因為你強烈地想成為眾人焦點。你那自戀的性格讓你自命不凡，雖不求成為獨一無二的佼佼者，但也無法

忍受大家的忽視。如此重視形象的你，當你不受重視時，內心的不平衡會立即尋求發洩，容易演變成對煙酒、藥物的依賴，或是遁入悲慘的情緒和想像的世界當中。而這些發洩方式，還不是最嚴重的自我放縱。更具嚴重性的情況是，在你的潛意識裡，你會運用墮落做為引人注意的方法之一。

3 號精靈的金錢與祕訣

只需稍微觀察一下 3 號精靈的生活，就可以發現 3 號精靈是享樂主義的實踐者。你總是把握當下，立刻滿足自己的欲望，很少為了什麼而放棄或延遲享受快感。這也就是，為何 3 號精靈的存款不怎麼可觀的原因。因為 3 號精靈花起錢來，總是一副不痛不癢的樣子，一般人往往會為了將來顧慮而犧牲當下的享受，但對 3 號精靈來說，未來的負擔無法在現在發生影響，你的字典裡看不到「失敗」兩個字，你總是如此樂觀，很難讓你去煩惱未來。

因此，3 號精靈在花費上有一個非常重要的課題，就是要建立良好的信用，就因為你很難去考慮到後果，也很少斤斤計較金錢，所以如果拖延債款，就會像個無底的黑洞。因此，培養良好的消費習慣，對你來說特別重要。

此外，若要改正這種隨性花費揮霍的毛病，就必須替 3 號精靈建立一個明確的目標和足夠的動力。因為 3 號精靈天生對金錢沒有太大的感覺，你不太會主動去爭取金錢，但若能適度地將金錢和實際享樂、名聲、地位等，這些 3 號精靈較在乎的價值結合在一起時，有了目的和目標感，你就會開始在金錢上多下工夫。

Tips......

- 設立越大越清楚的目標，你的企圖心也就越強烈，並會時時警惕自己實行計畫，你能得到的也就越多。

- 在每一年的 3 月、5 月、10 月以及 12 月，3 號精靈在金錢方面表現最好。

- 和那些出生於 2 月、6 月、8 月、9 月的人有金錢往來時，較容易產生財務壓力與糾紛。

你所不知道的 3 號精靈小祕密

★ 3 號精靈是裝傻影帝或天后！

3 號吐真言：「人生就是戲，無時不刻都要表演，裝傻？ Just a piece of cake ！」

在 3 號精靈的個性裡，留有強烈受人注意的血液。若 3 號被人群所忽略了，你常會發現他們難掩心中的落寞。3 號精靈會選擇裝傻的原因，有很大一點是由於這個數字天生就害怕面對尷尬、衝突的場面。3 號精靈是創造形象的高手，常常利用詼諧的言語帶過，在立刻補以一個更有趣的話題，轉移大家的注意力，裝傻往往不留任何痕跡，幾乎無人可以察覺 3 號精靈的閃避。

3 號精靈不會明目張膽的搶鏡頭，3 號懂得如何遵守團體規則，利用表演讓大夥兒開心。同時，3 號精靈也是很敬業的演員，不論舞臺的規模大小，觀眾有多少，3 號人都一樣會拚了老命做好演出。

　　其他的裝傻入圍者：

　　2 號精靈：世上紛爭太多，不想面對，當然要懂得打太極。

　　2 號是天生的和事佬，標準的騎牆派，他們也是怕事的膽小鬼。只要會讓你皺起眉頭的話題，2 號精靈都會自動掠過，巧妙消除，裝傻潛力緊追 3 號精靈。

　　8 號精靈：習慣什麼事都不講，感覺就像愛裝傻。

　　8 號可說是最威嚴的數字，天生沉默的 8 號精靈，其實很少有裝傻的機會，因為 8 號什麼也不多說，也因為他們很清楚自己的限度在哪裡，更清楚這些都無須向他人解釋。讓 8 號精靈開口就像意外中獎，很少有人自討沒趣去期待 8 號精靈主動透露什麼。

 # 當 3 號精靈遇上其他數字精靈

當 3 號精靈碰上 1 號精靈

3 vs 1 速配指數

　　工作 75

　　愛情 80

　　金錢 70

3 號精靈 VS 1 號精靈：互補長短，相互輝映

1 號精靈和 3 號精靈一樣，目的都是想要獲得成功，因此這兩個數字是彼此高度認同的組合。雖然 3 號精靈追求生命中的歡樂，與 1 號精靈追求的掌控欲不太一樣，但 3 號精靈直接爽朗的表達方式，其實正對上喜歡開門見山的 1 號精靈的胃口。

3 號精靈喜歡社交，懂得如何跟人交往，正可補足 1 號精靈有時無心的過度自我，同時也可以烘托出 1 號精靈的領導長才。而目的性明確的 1 號精靈，幫助 3 號精靈認清目的和集中精力，彼此學習成長，相得益彰。唯一讓 1 號精靈受不了的，就是 3 號精靈有時花費會不知節制。

當 3 號精靈碰上 2 號精靈

3 vs 2 速配指數

工作 85

愛情 95

金錢 85

3 號精靈 VS 2 號精靈：和諧的一對兒

2 號精靈和 3 號精靈在一起時，無論是工作還是生活協調度都相當好。3 號精靈本身的性格是外向愛表現的，在表達上很精準，在社交手腕的運用和待人處事方面，顯得較為天真。而 2 號精靈恰恰較能傾聽，也愛跟隨，常常會附和。當 3 號精靈在侃侃而談，表現自己的觀點意見

時，2 號精靈會在一旁敲邊鼓，給予 3 號精靈勇氣以及喝彩聲。

可以看出，2 號精靈和 3 號精靈在各個關係上都很和諧，無論是在愛情還是在友誼方面，都能達到一個比較完美的組合。

當 3 號精靈碰上 3 號精靈

3 vs 3 速配指數

工作 80

愛情 85

金錢 70

3 號精靈 VS 3 號精靈：相輔相成型

兩個 3 號精靈相處會比較融洽，在一起工作、生活、交往的過程會有許多開心的時光，以一種單純的、孩童式的方式相處，生活中充滿彼此的關懷與大量的愛意，會彼此相互欣賞，彼此激勵。

3 號精靈通常特別愛說話，只要話匣子一打開，就會變得口若懸河。所以兩個 3 號在一起，要盡量學會去聆聽對方，注意自己正確的表達方式，彼此多溝通想法。

3 vs 4 速配指數

工作 70

愛情 55

金錢 60

3 號精靈 VS 4 號精靈：優勢互補型

這兩種人在生活和性格方面相差很大；3 號屬於活潑和陽光的一面，思考事情相對比較輕鬆，沒有那麼嚴肅。而 4 號精靈在每一個細節方面，都會花很多心思去尋求一個過程。4 號精靈是一個很好的組織者，是一個務實的建造者。而 3 號精靈，則非常倚重想像力，是一個具有創意的人。如果兩個人能彼此了解，就可以形成互補，在生活和工作上面會是很好的一對。

3 vs 5 速配指數

工作 85

愛情 95

金錢 55

3 號精靈 VS 5 號精靈：享受人生型

這兩種人在一起是非常合適的。兩人都喜歡接觸群體，很樂於參與社會活動，並善於表達自我。5 號能夠很快的接受各種變化資訊的收集，這正好和 3 號的創造性相合。5 號精靈通常喜歡做一些改變，在社交活動中感受體驗。3 號精靈則喜歡在生活中注入新鮮的活力。兩人都是享受生活的類型，所以只要喜歡的事物，在財務花費上很瀟灑買單，因此很難存到錢。如果，一方對金錢比較節儉有儲蓄概念，那麼婚姻的成功率就比較大一些。

當 3 號精靈碰上 6 號精靈

3 vs 6 速配指數

工作 90

愛情 90

金錢 80

3 號精靈 VS 6 號精靈：天造地設型

這兩種人在一起簡直是絕配。數字 3 和數字 6，這兩個數字的震動都偏向於友誼、社交活動，並熱衷於社會群體化。兩個人在一起會彼此關心，也都比較有創意，能表達自己的想法，成為婚姻關係很好的組合。3 號特別喜歡孩子，6 號更願意承擔家庭的責任，對家庭成員特別重視，兩個人可以和平相處，是各方面都可以互相協調的一對。

3 vs 7 速配指數

工作 75

愛情 75

金錢 70

3 號精靈 VS 7 號精靈：截然不同調

這兩種人截然不同，但之間又能產生很多黑色戲劇。

3 號非常活潑，非常陽光，喜歡表達自己，特別是在人多的時候喜歡展現自我。7 號通常希望最好能躲在一個角落裡，擁有自己一塊小小的天地，可以去想自己的事，享受一人獨處。

而非常有童趣的 3 號會把 7 號從角落裡拖出來。如果兩個人能在生活上，互相學習、共同成長，了解對方和自己完全不同的地方，把對方當作自己的寶貝和資產，這會使兩個人的路走的且長且久，兩個人在一起的關係會是相當微妙的。

3 vs 8 速配指數

工作 65

愛情 55

金錢 60

3 號精靈 VS 8 號精靈：互不相容型

基本上這兩種人在一起的關係還算是和諧的，但兩種人對生命意義的理解和傾向完全不同；數字 8 的震動偏向於對物質化掌握的能量，這對於一向比較貪玩，比較陽光，偏向輕鬆度日，不要有太多負擔的 3 號精靈，簡直是不可思議的。

從整體立場上考量，兩個人可以有短暫的工作合作，但長期的合作，兩人之間會形成一種互相折磨的互動。如果共同的目標設定不對，彼此都要忍受對方很多的事情，壓力很大。將這兩種人配在一起，必須要學習放鬆，隨時多溝通兩者對人生與生命的需求，更多的了解會得到更多的寬容。

當 3 號精靈碰上 9 號精靈

3 vs 9 速配指數

工作 90

愛情 85

金錢 65

3 號精靈 VS 9 號精靈：融會貫通型

這兩種人在一起大部分的時候都會非常和諧。3 號和 9 號都相當社群化的，想事情比較簡單、活潑，再加上兩個人都比較積極，也善於表達自己且外向，很容易與人相處，在關係互動上也比較融洽。

數字 3 跟數字 9 振動的能量，都傾向於和他人建立密切關係，喜歡

黏在一起的數字，都願意扮演開心果的角色，給大家帶來快樂。因為兩種人性格與頻率相近，很容易走在一起，在一起工作的時候，也可能以很輕鬆的步調完成。但兩個人喜歡表現自我，說得多卻聽得少。如果兩人能夠互相學習聆聽對方，讓對方多說一點的話，日子會過得更開心、更如意。

你是 4 號精靈

每月 4 日、13 日、22 日、31 日出生的你

4 數是穩固、務實。

效率、忠誠、秩序、邏輯、理性、助人、信賴、固執、呆板、無情、不安、持續、責任、堅定、耐力、誠懇、勤奮、結構、根基、運動、保守、實際。

四平八穩、信守承諾，誠實可靠、思慮清晰、獨斷獨行、心胸狹隘、容易緊張，不易妥協，不知變通，精神強迫，暴力傾向，肢體平衡。

 ## 4 是什麼？

認識數字 4

　　4 的正面特質：忠誠、務實、次序、效率、助人、自律。

4 的負面特性：獨斷獨行、心胸狹隘、容易緊張、不易妥協。

★奧黛麗赫本（Audrey Hupburn）1929/05/04

出生比利時的英國著名影星，影史上最具優雅氣質形象的代表。她的不朽成名作有《羅馬假期》等。因為天生的高貴氣質與真誠自然的個性，擄獲大眾對她的喜愛。奧黛麗赫本在時尚方面的品味與表現，融合自身的氣質，成為最佳的時尚楷模。她晚年擔任聯合國兒童親善大使的貢獻，對爭取兒童與人道救援、社會福利的積極投入，為自己留下雋永的美名與典範。

★柴契爾夫人（Margaret Thatcher）1925/10/13

英國前首相，素有《鐵娘子》之稱，結束冷戰時代的重要推手。要入主英國倫敦唐寧街十號，當位英國首相，沒有兩把刷子是辦不到的。柴契爾夫人除了具有細心周密的規劃能力以外，他固執剛健的作風，也為她贏得鐵娘子的稱號。4 號人善於組織與固執剛強這兩種性格，這在她身上無疑得到最明顯的體現！

★克林伊斯威特（Clint Eastwood）1930/05/31

美國著名影星、導演、製片。以西部柔情鐵漢的形象著稱，多才多

藝。沒錯，他是著名的西部鐵漢。但近年來在大銀幕上，克林伊斯威特常在一部片中，他身兼主演、導演、監製，甚至音樂、設計（如：電影《神祕河流》）等多重角色更為著名；而這些都是需要驚人的天分才華與規劃邏輯的細密工作、組織架構能才夠完成的，可不是只稍稍裝酷、擺個帥臉姿勢，就能得到的成就與光芒哦。

4 號精靈的幸運地圖

幸運金屬：釉

幸運色彩：所有電光銀色、藍色、灰色、中間色系

幸運食物：菠菜

飲食叮嚀：避免過多調味料的食物，尤其是醃製食物。

幸運寶石：藍寶石、黃寶石

幸運數字：4

幸運衣著：手工剪裁的服飾再適合你不過了。這種服飾的最大好處在於不退流行，同時能擁有 1 號人的直線條，再加上 2 號人的乾淨整潔，這是成功者的穿著要素。衣服的品質就像是你的性格一樣，強調務實、精簡。和 3 號人一樣，要注意的是千萬不要過度裝扮，簡單的美感是最耐人尋味的。

幸運時刻：每日之中，白天的單數時刻，如 1 點、3 點、5 點、7 點，都是 4 號精靈表現最佳的時刻。

幸運日子：每月當中，1 日、10 日、19 日、28 日，所有相加起來為 1 的日子，就是 4 號精靈的幸運日。（4 數能量振動較為混亂，因此幸運日以 1 數為參考）

數字 4 的深度探索

★ 4 號精靈～標準的模範生

「悶騷」這個詞，應該是為 4 號人所造的吧！ 4 號人循規蹈矩，卻又希望自己有那麼一些些特別。其實啊，你們有自戀的傾向，只是希望出風頭不要做的太明顯罷了。

4 這個數字就是象徵著穩固，因此 4 號人一生都在力求平穩的狀態，對於社會環境的變動，你們有著超乎其他數字的敏銳，甚至可以說是不安。你們總是謹慎地行事，以避免因變動而帶來的傷害。在 4 號人的腦子裡，天生就對結構性的組織特別擅長，總是能夠最實際有效的達成目標。加上強烈的責任感，讓人能夠很放心的交辦事物。不過，正因為這些小心翼翼的行徑，在 4 號人的心底也往往對新奇、特殊的事物產生嚮往。你們是最渴望打破制約與規矩的人，尤其是向你大膽地表達愛意的人，往往會令你無法招架哦。

4 號精靈名人：周星馳、希區考克、奧黛麗赫本、柴契爾夫人、克林伊斯威特、哈里遜福特、梅莉史翠普。

★愛情模式～安全至上的專情 No. 1

4 號戀人對愛情的觀念很傳統，你們不希望跟別人分享戀人，也不

希望愛情只是速食的遊戲，你會以相當認真的態度去面對和經營愛情。基本上，4號戀人不輕易打沒有把握的仗，也從不認為冒險和刺激是一種樂趣。在愛情中，對其他人而言最值得玩味的曖昧時期與過程，4號戀人卻一心想快快跳過。

然而，看似不易動心的4號戀人，其實也常常將自己陷於危險的境地。當有人對4號戀人主動表示好感的時候，4號戀人往往會以最快的速度跳入陷阱。只不過，4號戀人還是很堅持原則的，再怎麼愛，再怎麼盲目，若對方不能達到4號戀人最基本的要求，也就是不能專屬於你一人時，你還是會很快的從短暫的盲目中清醒，脫離這段沒有結果的關係。

★愛情互動～知己知彼，百戰百勝

4號戀人一向是看準了，了解了，做好準備了，才會付出行動。因此，4號戀人的對象往往是從身邊的朋友下手。從一般的關係開始，「一見鍾情」式的愛情很少發生在4號戀人身上，而4號戀人也很少放機會給陌生、不熟悉的對象，能挑逗或利用小手段勾引你們的，幾乎就只有你們已經了解的朋友而已。

4號戀人特別需要安全感，所以也特別需要了解戀人的一切。你極可能選擇一個你早已充分熟悉的對象，或者在交往之初，你時時扮演打破砂鍋問到底的角色；你會用很生活化的方式切入，充分了解對方的飲食習慣、生活作息、成長背景，或進一步用討論溝通來了解對方的想法和邏輯。當然，你也會利用機會，充分了解對方的身體。

★愛情大忌～不安讓愛情失去顏色

4號戀人對安全感的需求，不僅來自於生活中的規律和責任感，同時也來自於伴侶對你的重視。當一段關係一直處於動搖猜忌的情況時，也就是4號戀人說再見的時候。你不能忍受不純粹的戀情，你有愛情的潔癖，一旦愛不再絕對，關係不再健康時，失去安全屏障的愛情，你再也不願承擔。

看來拘謹沉穩的4號戀人，其實是很敏感的。也正是因為敏感特性，你們對變動的環境感到特別不安，這形成你們急需尋求安全感的性格。失去安全感的4號戀人，思緒常常不知飄往何處去，而無法抒發的情感也時常轉化成莫名其妙的情緒和猜疑。此時，你與戀人臺面下的關係會趨於緊張，讓你們彼此都失去了與對方常見面的欲望。4號戀人的愛情往往都是被不安感給吞噬和打敗的。

性愛樂園

❤只要上了床，4號戀人就好像變了個人似的

4號戀人需要強烈的安全感，因此你們在戀情中也需要以身體接觸、感受到對方體溫的方式，進一步讓你的心裡感到踏實。從統計上來看，4號戀人的確是身體碰觸比較頻繁的數字，而你的性生活、性活動也很可能相當狂野。

當4號戀人認定一個對象時，你會在身體上向對方完全開放，你的動作相當親密，會透過類似啃咬對方、追逐、打鬧的方式玩樂。基本

上，4 號戀人希望透過強烈的感官享受，讓彼此的熱情攀升到最高點，因此你相當注重性的表現。你甚至會幻想自己是全世界最性感的超級巨星，也會大膽嘗試一些異國的刺激調情和技巧，這往往令你的伴侶大感驚奇。你在牀上簡直像脫胎換骨似的，和日常生活的你大大的不一樣。

再怎麼狂野的性愛，4 號戀人還是不改「安全第一」的考量，避孕、保險套等措施一定具備好，才能讓 4 號戀人覺得放心，否則 4 號戀人的表現就大打折扣。倘若 4 號戀人與伴侶之間的關係已經淡化了，4 號戀人在性愛行為上更是不許有任何差錯，只要安全措施不夠完善，你可能也無法激起情欲。

性表現良好：星期三，星期日

性豐富期：2 月、6 月、7 月、8 月

性節制期：星期五、星期六，以及每年 1 月、5 月、10 月

 愛情罩門

♥龜毛神經質

許多人難以想像，對很多誘惑吸引不為所動的 4 號戀人，生活中竟然有這麼多大大小小的規矩。4 號戀人看起來不對太多事情感興趣，總讓人覺得你們的生活很單純。其實，越是有條理、整齊的生活模式，規矩才多呢！你們的生活越是規律，你們對變動就越敏感，相對也產生更大的不安。因此，當你和情人之間出現小小的問題時，你會比其他數字精靈來得焦慮和困擾，若此時你又無法掌握情人的行蹤時，你的心裡簡直有如熱鍋上螞蟻一般。

這樣的情況往往會讓情人害怕，認為 4 號戀人太過依賴情人，也尤其受不了你一遇上突發事件，就全身緊繃、慌張失措的模樣。你應到處多走，多看、多聽，你對事物的接受度就會變大，你會發現其實有許多你無法接受的事情，對其他人而言，根本沒什麼大不了的。

❤不懂情趣

4 號戀人的性愛雖然狂野，但日常生活中，不喜變動的你們可說是千篇一律。通常 4 號戀人的愛情都是從熟識的友情演變而來，愛情往往是友情的延伸，而不是全盤性的變化。很多人會覺得 4 號戀人就像個好朋友一樣，在生活中，你們很少會以改變來創造驚喜。因此，愛情生活中也少有激情的火花，加上你從來不是甜言蜜語的高手，情人會覺得你像個朋友，而非親密的戀人。

4 號戀人不喜歡搞過節、紀念日這一套，對於愛意的表現也比較保守。雖然，真心誠意是 4 號戀人寶貴的資產，但有時吝於表達的你們，會讓情人的心裡不太好受。

 情人攻略祕法

❤如何追求 4 號精靈？安全感，安全感，4 號情人要的就是安全感。

4 號情人不會輕易投資愛情，若真的想要追求 4 號精靈，必須得紮紮實實地建立 4 號人的信任，不妨先從 4 號情人的朋友做起。

有了信任的基礎，其實 4 號精靈是很容易到手的，這個形式拘謹的模範生，對無法預期、超出邏輯的事物很難招架，熱烈的追求很容易打動他們。

♥ 4 號精靈會如何出招？他是愛情公路上的安全駕駛，讓你放心的把自己交給他！

4 號精靈從不對陌生對象投入愛情，如他們心儀於你，通常也表示你對他們某種程度的了解，你會知道 4 號精靈從不輕易選擇。

因此當他們越明確表達愛意時，那可是很認真的，也會讓對方越認真面對他們的感情。

4 號精靈的工作

4 號精靈的定性非常強，做起事來毫不馬虎，你認真負責，不輕易抱怨和放棄。你很重視工作，也熱愛工作，看到你投入的樣子，往往讓身邊的同事自嘆不如。4 號精靈同時也是最公私分明的數字，也從不將私人的情緒帶到工作崗位上，是大家眼中的好模範、好榜樣。

受人信賴，一直是 4 號精靈值得引以為傲的特質。你是老闆心中最忠實的部屬，能讓人放心交辦你任何事物，你甚少出錯，而且總是交出達到水準的成績。而 4 號精靈在結構和邏輯方面的能力相當強，你能做出最完整的分析，最穩固的規劃。因此，在任何工作的初期，找 4 號精靈加入是一項極為睿智的決定，因為 4 號精靈會打下最穩固的基礎，後人只要遵循大綱架構就不會出太大的錯誤。

4 號精靈天生就是散發成熟、穩重的氣息，和你合作的最佳方式便是快速的切入核心。你不太需要附加的好處或誘因，直來直往和認真的態度，都讓你贏得對手和合作對象的尊敬。你很會抓重點，總是能一眼看出什麼是最迫切需要完成的事情。因此，雖然你不是屬公關交際型的人，但也常常讓談判和協調事宜進行的特別有效率。

　　4 號精靈適合成為：建築師、藝術家、化學家、財務顧問、企業和活動規劃者。

　　你天生擁有優異的邏輯和結構能力，對大自然的事物也有一份熱忱。基本上你適合穩定的工作，你像是一個穩固建造者，需要和平寧靜的環境進行建造的工程，而工程當中要盡量避免意外和變因。因此，凡是結構組織性強、與建造網絡或實體相關的工作都很適合你。而建造工程不見得是冷冰冰的石塊、鋼筋，凡與身體和心靈相關的建構也是你的領域。

　　此外，要天性嚴謹、保守的 4 號精靈到處去長袖善舞、展現社交魅力，這是很不相稱的，如哈拉陪笑臉都不是 4 號精靈的優勢。因此，要你去應酬或當舌燦蓮花的銷售人員，你都會感到特別的疲倦和吃力。

負面影響力

★脾氣又臭又硬

　　在你的世界裡，好像只有一百零一套規則，你不太懂得調整，也不懂得轉彎，最糟糕的是，你明明已經知道自己錯了，還學不會「妥協」這兩個字該怎麼寫。

　　4 號精靈其實挺好面子的，過度堅持原則的情況下，很容易變得拒絕接受他人的建議；尤其當你脾氣一來，就是一個標準的死硬派，可真是意氣用事到了極點。

★心似海底針

你有時覺得沒什麼人真正了解你，甚至得不到大家的關心。但你若總是冷著一張臉，又近乎拒絕表達而沉默寡言，這在毫無線索的情況下，就連福爾摩斯也難以猜透你的心思啊！

偏偏你的情緒又屬於多變型的，雖然你可以繼續以正常的方式來隱藏，但越是壓抑問題就越大。4號精靈不擅表達情緒和情感，很容易遭受旁人的誤解，因此挫折和沮喪也容易出現在你們身上。

★潛藏暴力因數

不善表達情緒和情感的4號精靈，一旦遇上拒絕或阻撓時，很習慣以一副冷淡的方式回應對方。其實你們是為了隱藏心中的不安和沮喪。

無法順利溝通的挫折感，常讓4號精靈改以一種任性、霸道的方式達到目標，甚至有些4號精靈會以粗暴的手段來逼迫對方妥協。

4號精靈的金錢與祕訣

4號精靈看待金錢的方式很特殊，你們並不是那種特別愛財的人，然一旦當你獲得金錢或財富的時候，你就像食髓知味般上了癮，會想盡辦法去得到更多的金錢。

4號精靈非常有賺錢的天賦，你總有一些奇奇怪怪的管道可以賺得金錢，別人怎麼想都覺得莫名其妙。此外，你的金錢運也很不錯，金錢常常主動會朝你走來，而且還是一大筆金錢，那種小小的、零碎的財運

反而不是你的運氣。

你要盡量保持良好的財務紀錄，並對每一筆金錢做完善的計劃與分配，你會盡量運用金錢的最大效益，因此 4 號精靈也對打折品特別感興趣。

Tips......

- 「規劃」是你在金錢方面最重要的課題，只要讓你充分掌握金錢的流向，便會更加激勵你積累金錢的動力。
- 在每年的 2 月、6 月、8 月特別容易在金錢上的拓展，也容易發展生意上的事情。
- 出生在 1 月、5 月、10 月的人，最容易帶給你財務壓力。

你所不知道的 4 號精靈小祕密

★ 4 號精靈是天生醋罈子！

4 號吐真言：「外表越平靜，內心越壓抑，我就算吃醋，也絕不大肆嚷嚷。」

看似穩定的 4 號精靈，其實是最缺乏安全感的，這正是他吃醋的因

素之一。吃醋，是人們因認知不和諧所產生的反應，認為自己應得的、該得的、可得的⋯⋯卻沒得，反而是另一個人得到了；這在普通的關係中，叫做「吃味兒」或「心態不平衡」，若是在親密關係中，就會令人醋勁大發。

其實，4 號的穩固也常是最不懂得變通的，一旦讓 4 號精靈認定了人事物的關係、彼此的義務責任時，4 號精靈就會將之套入自己既定的規則範本當中。而當 4 號精靈的期望與實際狀況有所出入時，4 號精靈會特別難以理解，對認知不和諧的鴻溝也就更大，吃醋的頻率和程度會比其他精靈多出許多！

其他的天生醋壇子：

1 號精靈：當你的眼神離開我時，就是我大發醋勁時，因為我就怕人們不知道我有多特別。

喜歡表演，喜歡掌聲，同時自尊心強的 1 號精靈非常需要聚集人們的焦點。1 號精靈從不奢求不勞而獲的事，但一當他有所付出時，他就非得要看到結果，旁人必須給予掌聲和回報，否則他老大心裡可就會大大不平衡囉。

9 號精靈：吃醋是很正常的反應嘛，何不大方表現出來，不要憋壞身體比較好啊！

單純的 9 號精靈有一條比任何數字都來得直接的神經，情緒很難交與理智看管，在什麼樣的情景下，9 號精靈就會有什麼樣的情緒。因此，在任何可以吃味兒的場合，9 號精靈絕少錯過吃味兒的機會。

當 4 號精靈遇上其他數字精靈

4 vs 1 速配指數

工作 85

愛情 75

金錢 85

4 號精靈 VS 1 號精靈：收放自如的好夥伴

1 號與 4 號精靈的搭配非常和諧，因為 1 號精靈是天生的創造者，喜歡大膽嘗試新的東西。而 4 號精靈雖然保守許多，但兩人共同擁有務實的特點，一旦認定目標之後，都會以積極、條理的態度和方式努力達成目標。

4 號精靈本身是個受限制的數字，有時會讓開創大格局的 1 號精靈有制肘的感覺。若兩者一同朝負面的方向發展，1 號精靈的過度自我，會讓 4 號精靈產生極大的不安感。但若兩人共同選擇正向的目標，雖在浪漫的關係中略顯不足，但 4 號精靈的謹慎規劃，卻是協助 1 號精靈成就大業的最佳幫手。

4 vs 2 速配指數

工作 80

愛情 80

金錢 75

4 號精靈 VS 2 號精靈：互相配合，相處融洽

2 號精靈和 4 號精靈在關係上是相當和諧的，2 號精靈一向傾向於與別人合作，也願意做個跟隨者，而 4 號精靈在組織能力方面有相當的天賦，對事情的看法，邏輯性思維非常棒，在創建舞臺和建立基礎架構上都強於 2 號精靈。由於 2 和 4 本身就是兩個非常重視細節的數字，都樂意去處理事件中較瑣碎的部分。

當有衝突發生時，4 號精靈性格較為自持。而 2 號精靈能夠體諒對方，往往會先退讓，在協調雙方的關係中做一個軟化劑。兩者間唯一比較大的差距是，2 號精靈的性格敏感，4 號精靈則顯得過於理性，在性格社交方面又不如 2 號那麼注重小節，所以常常會被 2 號精靈批評不夠體貼。

4 vs 3 速配指數

工作 70

愛情 55

金錢 60

4 號精靈 VS 3 號精靈：優勢互補型

這兩種人在生活和性格方面相差很大；3 號屬於活潑和陽光的一面，思考事情相對比較輕鬆，沒有那麼嚴肅。而 4 號精靈在每一個細節方面，都會花很多心思去尋求一個過程。4 號精靈是一個很好的組織者，是一個務實的建造者。而 3 號精靈，則非常倚重想像力，是一個具有創意的人。如果兩個人能彼此了解，就可以形成互補，在生活和工作上面會是很好的一對。

當 4 號精靈碰上 4 號精靈

4 vs 4 速配指數

工作 85

愛情 70

金錢 80

4 號精靈 VS 4 號精靈：合則歡，分則傷；警惕走入死胡同

4 號精靈和 4 號精靈通常是比較匹配的，因為 4 號精靈本身顯現出一種穩定感、持續力很強，非常具邏輯性的力量。4 號精靈會非常努力去實現自己的計劃和承諾，是實幹家和務實者，比較能獲得信賴。

兩個 4 號精靈在一起會是很好的工作夥伴和生活伴侶，可是 4 號精靈有時會太過一絲不苟，不喜歡太多變化。如果兩個比較負面的 4 號精靈在一起會有很大的殺傷力。因為 4 號精靈比較保守，不喜歡說出心

事，一旦發生誤會，很容易造成爭鬥爭吵和誤會。因此，4號精靈與4號精靈在一起，千萬不要向負面發展，應該互相體諒敞開心房，否則對彼此的傷害會更深。

4 vs 5 速配指數

工作 65

愛情 55

金錢 60

4 號精靈 VS 5 號精靈：風馬牛不相及，規矩與自由的碰撞

4號精靈與5號精靈大部分時間不那麼和諧，4號精靈主張次序感、邏輯性和完美的系統，相信無規矩不成方圓；而5號精靈極度崇尚自由多變化，兩者的性格特質和人生追求截然不同。5號精靈和4號精靈相處時，會覺得自己是籠中鳥。

兩者應該學習彼此的長處，5號精靈可以透過自己多變化的特徵，讓4號精靈感受到人生還有輕鬆的一面。同時，5號精靈也應該從4號精靈身上學到，追求自由可以在一個大的規範下，也許運作出不同結果。

$4 \text{ vs } 6$ 速配指數

工作 80

愛情 70

金錢 75

4 號精靈 VS 6 號精靈：共生共存；工作無懈可擊，愛情仍需努力

4 號精靈與 6 號精靈在一個組織中會互相依靠，互相依賴，他們在一起能維持和諧的關係。4 號精靈喜歡在一定的架構中追求規律，6 號精靈則很有責任感，非常務實，與 4 號一起工作的話，兩者會共同努力為目標打拚。

可是，兩者在愛情方面較少有電光石火的情境發生。4 號精靈常常會疏忽自己天生的磁性與魔力般的吸引力；而 6 號精靈對於美要求很高，凡事皆以美為基礎。如果兩者可以共同培養對美的興趣，或者增加彼此性吸引力的樂趣，這部分就可以成為兩人繼續走下去的關鍵。

$4 \text{ vs } 7$ 速配指數

工作 85

愛情 85

金錢 85

4 號精靈 VS 7 號精靈：細水長流，不喜張揚，注重內在

數字 4 和 7 代表的能量，通常都屬於安靜的波動，兩者都不喜歡太張揚，或去掌控事物和狀況，而是喜歡審視內在。4 號精靈與 7 號精靈都會喜歡安靜的環境，兩者的相處好像小橋流水般慢慢進行。

當雙方如果有分歧和爭執，主要問題是 7 號精靈一向覺得自己是特殊分子，希望能夠成為楷模，4 號精靈則非常務實，不喜誇張，不太會認同 7 號精靈表現出的獨特性。如果兩者可以互相協調，就可以成為一對讓人學習的對象。

當 4 號精靈碰上 8 號精靈

4 vs 8 速配指數

工作 90

愛情 95

金錢 90

4 號精靈 VS 8 號精靈：完美組合，共奏和諧樂章

4 號精靈與 8 號精靈是非常好的組合，數字 4 和 8 的能量都是傾向於務實的，兩者對於物質方面的追求和創造財富，都很有興趣，是典型的工作狂，在工作中會成為很好的合作夥伴。

相比較下，8 號精靈具有領導者的素質，擁有超強的力量和能量，4 號精靈則會誠心的服從 8 號精靈的領導，兩者的搭配會奏出完美的樂章。

4 vs 9 速配指數

工作 75

愛情 80

金錢 70

4 號精靈 VS 9 號精靈：性格差異，求同存異

4 號精靈與 9 號精靈大部分時間還是和諧的，可是最基本的性格特質卻有很大的差異性。4 號精靈信奉次序感和邏輯性，始終相信沒有付出就沒有收穫，而 9 號精靈相信很多事情可以自然產生，萬事變化多端；兩者相處時，喜歡多彩多姿生活的 9 號精靈，會覺得穩定務實的 4 號精靈限制了自己。

4 號精靈和 9 號精靈如果要在一起的話，必須先搞清楚目的是什麼。他們能否繼續走下去的關鍵，是看兩者在生命的旅程中，到底要共同完成什麼樣的事情和目標。

你是 5 號精靈

每月 5 日、14 日、23 日出生的你

5 數是自由、好奇

聰穎、機靈、冒險、好動、刺激、感官、包容、好學，資訊、溝通、口才、博學、適應、漂泊、豐富、熱情、友善、瀟灑、率性、多嘴、邏輯、新奇。

多才多藝、學習力強、博學多聞、興趣廣泛、交友廣闊、行踪各地、伶牙俐齒、博而不精、專注力差、用情不專、索求無度、吊兒郎當。

 # 5 是什麼？

認識數字 5

　　5 的正面特質：聰穎、自由、冒險、適應強、多變化、學習快。

5 的負面特質：博而不精，持續力差，毫不在乎、索求無度。

5 號精靈代表人物

★愛因斯坦（Albert Einstein）1879/03/14

提出「相對論」的 20 世紀著名猶太裔科學家。幽默風趣又具人道關懷。愛因斯坦一生最為人所知的成就，就是相對論的提出理論，他敢於向被視為經典的牛頓理論挑戰，這正是愛因斯坦身為 5 號人，在思想馳騁、大膽假設、突破變革的最佳例證。

★李安 1954/10/23

華裔著名導演，以《臥虎藏龍》一片而聲名大噪；至今，他曾獲得多個主要國際電影獎項，包括兩屆奧斯卡金像獎、兩屆金球獎、兩屆威尼斯影展最佳影片金獅獎以及兩屆柏林影展最佳影片金熊獎，以及英國電影學院獎終身成就獎。

李安在影片拍攝的風格，以及他結合科技與電影東方美學的獨特視角與創意，將 5 數對於挑戰與追求變化的優點特質發揮到極致。

★莎士比亞（William Shakespeare）1564/04/23

英國著名劇作家與詩人，其多部劇作與十四行詩已成文學與戲劇經典。

他是歐洲文藝復興時期，英國最偉大的劇作家和卓越的人文主義思想的代表。除了流傳後世的 30 多個不朽巨作外，也有很多著名的詩作流傳後世。在他的文字中，處處可見一種聰明絕頂的譏諷與幽默，或沉重的詞藻，且不同於之前所有的文學用句遣辭。這種自由奔放的點子大王，實在是典型的 5 號人。

5 號精靈的幸運地圖

幸運金屬：白銀

幸運色彩：所有淺色、發亮色系

幸運食物：胡蘿蔔蕾和香菇

飲食叮嚀：無特殊禁忌，放鬆心情，多休息和睡眠是最佳良方。

幸運寶石：鑽石，黃寶石

幸運數字：5

幸運衣著：你有追求時尚的特質，你會很樂於嘗試大膽華麗的服飾。不過還是別太招搖，只要重點式的時髦裝扮會更顯突出，也會有更好的效果。那些乍看有點俗麗的服飾，套在別人身上也許像彩色燈籠照，但是穿在你身上卻能發揮像夜間裡散放光芒的艾菲爾鐵塔。你常常在經過一番的重組搭配後，就會將平凡的款式衣服變成另類風情，容易引起轟動，帶動風潮呢！

幸運時刻：每日當中，任何時刻都是 5 號精靈表現最佳的時刻。

幸運日子：每月當中，5 日、14 日、23 日，所有相加起來為 5 的日子，就是 5 號精靈的幸運日。

數字 5 的深度探索

★ 5 號精靈——渴望自由探險家

自由，是你的生活哲學，也是你的標誌！

5 號人天生熱愛自由，也一樣希望給予別人自由，難怪你們總是可以輕易結交朋友，可說是什麼樣的朋友都有，堪稱電話簿裡記載最豐富的 5 號數字。

想要約束你，根本就是吃力不討好的事。你比其他數字更熱愛旅行，適應力也超強，心思更是毫無邊際的難以捉摸。正因你太聰明太靈巧，你通常不會甘於按部就班的規律工作，還是多運用腦子和敏捷的智慧行事，才能發揮你真正的潛力。

正因你愛好自由的特性，也特別喜歡接受各種挑戰和新鮮的事物，你不會讓既定的規矩阻礙你的創意發揮，所以成功機率也比誰都大喔！

5 號精靈的名人：英國查爾斯 3 世國王、愛因斯坦、莎士比亞、李安、史蒂夫馬丁、凱特溫斯雷、孫燕姿。

★愛情模式～愛情，從來不是全部

對 5 號戀人來說，愛情和日常生活並沒有太大的不同，「新鮮感」永遠是 5 號精靈追求的最高指導原則，愛情只是其中一個小小項目。我

們可以說，「遊玩」才是 5 號戀人最愛的事情。

因此，5 號戀人從不是一個專心的戀人（與專情有別喔），你很難把愛情或是伴侶放在第一位。對你來說，有太多事情可以佔據你一時的注意力，穩定不變的生活會逼得你呼吸困難。在這種前提之下，「短而有力」的愛情火花特別吸引 5 號戀人，而那些頭腦聰明、有特殊才能的對象，才能讓你感到深具挑戰性；但你並不特別嚮往長遠而永久的關係，反而在一段穩定關係建立時，便開始對其他火花感到興趣。要留住你的方法，就是「不斷讓你感到新奇」，因為你追求的是一種短暫刺激，所以你也最了解「逢場作戲」的心情。

★愛情互動～吸引，往往在愛情之外

情人的眼裡往往容不下一顆沙粒，但 5 號戀人的對象必須要有能耐容忍太多東西。5 號戀人的對象，如果沒有十八般武藝，能隨時變出好玩的東西出來，也必須擁有超強的包容力和十足的冒險心。

比起當個戀人，5 號人更像是一個稱職的玩伴，你就像個過動兒，總是有滿滿的新奇世界等著你去探索，包括腦袋想像或身歷其境。但是相對的，5 號戀人也能給予伴侶很大的空間，因為 5 號戀人深知自由的可貴，你希望伴侶也能擁有這項權利。再者，世界上花花綠綠的精彩現象太多了，將寶貴時間都花在一個人身上，豈不是太可惜了嗎？

★愛情大忌～戀情，總在冒險結束時終結

當新鮮與刺激不再的時候，束縛太強、自由受限的時候，就是 5 號

戀人愛情消逝的時候。

　　5 號天生就是個靈活跳躍的數字。因此，一個安靜、不愛思考、不喜冒險的對象，對 5 號戀人而言，無疑是一種折磨。和伴侶之間的關係，5 號戀人重視的是對生活中刺激冒險的協調性；即使在性關係上，5 號戀人希望能充滿大大小小的驚喜。因此，5 號戀人希望尋找的對象，是能配合一起享受這種驚喜的人，配合度越高對 5 號戀人產生的刺激感就越大。

　　5 號人是永遠不甘寂寞與平淡的戀人，因此當熱情漸漸削弱的狀況下，5 號戀人不妨給彼此較平時更大的空間，等待你的生活再度注入其他樂趣的時候，或許你會發現愛情又恢復了色彩和生機。

 性愛樂園

❤性，根本就是 5 號戀人的代名詞！

　　5 號戀人是個超級黃色笑話高手，如果要說哪個 5 號戀人不熱愛性活動，想必是 5 號戀人還有所保留，或是伴侶一時眼花看錯了。因為性，對 5 號戀人是如此的重要，你的性史足以寫成相豔精彩的床邊故事。

　　5 號戀人天生在性方面擁有足夠的能力，也有足夠的魅力。束縛，在 5 號戀人身上，從來都不怎麼管用。即使你已經結婚了，你的性魅力還是不會因此有所收斂，隨時隨地偵測具有性魅力的對象，也隨時準備發動性攻勢，或者拋出曖昧訊號。

　　即使在床第之間，5 號戀人還是不改平時追求新鮮刺激的作風。你

喜歡變換不同姿勢，嘗試不一樣的冒險。適度的淫穢粗話，也很容易激發你身體上的反應。你最喜歡臨時起意的性活動，不論何時何地，只要興致一來，你都希望伴侶能夠陪你在性愛當中探險。面對狂放不羈的 5 號戀人，伴侶要記得適度拋開理智和規範，因為 5 號戀人看似胡亂的舉動，其實是少見的自在和解放，可以帶領伴侶到一個全然不同的世界。

性表現良好：星期三、星期五

性豐富期：5 月、6 月、9 月、10 月

性節制期：星期四、星期六，以及每年 1 月、3、月 12 日

 愛情罩門

♥一刻不得閒

5 號戀人是標準的過動兒，和你在一起總是有數不清的樂趣，你追求的是一種即時的、短暫的亢奮和刺激感，在你身上比較少看到緩慢、紮實、精心布局的浪漫情景。

對 5 號戀人來說，牽著手在月光下漫步，絕對比不上駕著越野車馳騁的快感。但是，似乎也只有 5 號的你們擁有這種無窮盡的精力和動力，伴侶常常會跟不上你的步調，加上你的思慮又是如此靈活，伴侶往往為了應付你、滿足你，也特別容易在精神上感到耗損。

♥欠缺安全感

這一秒你或許還在這裡，但沒人可以確定下一秒你會在哪裡。

5 號戀人的行蹤和思慮，都特別隨性、靈活，新鮮事物對你的吸引力又是如此強烈。一段穩定的關係，並不會改變你追求新事物的動力，

這正是你的可愛之處。你在任何時候，都可以展現如同第一次般真誠的、飽滿的興奮和喜悅感，但這往往也讓伴侶懷疑自己，對你是不是具備足夠的吸引力啊。

 情人攻略祕法

♥ **如何追求 5 號精靈？不斷變化讓戀情保鮮！**

聰明、大膽、新奇的對象，最容易吸引 5 號戀人的目光。你若恰巧不具備這些，至少你也要表現出有冒險精神且勇於嘗新。

5 號戀人喜歡新鮮刺激，通常 5 號戀人不愛拖泥帶水，短暫的火花也很能吸引他們，但前提得要夠刺激才能成立。

♥ **5 號精靈會如何出招？瀟灑不羈的生活態度，魅力十足！**

5 號精靈的生活總是多彩多姿，大家也喜歡與他們為伴。他們追求精彩刺激的生活態度，往往是最吸引人的地方。

他們的玩心，在心儀對象面前更是不會隱藏。他們會熱情地邀請心儀對象，多多了解他們的生活，因為這些新奇好玩的事物往往會為他們加分！如果對方能夠認同他們的生活態度，通常也會深深的為他們著迷。

5 號精靈的工作

5 號精靈相當聰明伶俐，做起事來相當積極，也義不容辭，隨時都散發著熱力，好像天底下沒什麼事情難得倒你。大家都很喜歡與你共

事，有你在的時候，大家都像打了一劑強心針，對自己特別有自信。

5號精靈常常像一本活字典，你什麼都喜歡，什麼都有興趣，也什麼都會一點；因此，在工作上任何職位你都能很快進入狀況，你也有能力隨時補位替別人代班。擁有這麼多能力的5號精靈，反而一點也不驕傲，你們相當謙虛且平易近人，也喜歡和大家分享有趣的事物；因此，有活動時大家都喜歡找你，外出時也喜歡帶著你，你的多才多藝和熱情讓你很受歡迎。

你對許多的事物都有高度的興趣，你總是不畏風險積極嘗試，願意像新鮮的事物學習挑戰，這樣的特性讓你身具競爭力，也很容易成功。值得一提的是，5號精靈從不會因熱情和敏感而失去了理智，即使在情況慌亂危急的時候，也能做出沉穩正確的判斷。此外，5號精靈在口語表現上極具天賦，很容易藉由歌唱、演講等口語溝通表現的方式闖出一片天。

適合的職業

5號精靈適合成為：**編輯、播報員、調查員、演說家、電腦專家、銷售高手和廣告事業的企劃。**

5號精靈，那靈活的腦袋加上對萬物的好奇心，足以讓你成為一個資訊豐富的情報員。你對流行情報一點也不會放過，很能掌握市場的動向，各式各樣的點子一直不斷從你腦中冒出來。一個對新知如此渴求又好奇的人，是不可能乖乖坐在辦公桌前的，5號精靈天生就是靜不下來的人，需要不斷的變化和挑戰才能生存。此外，5號精靈在口語表達上有天生的優勢，時常在溝通協調上無往不利，是你不可忽略的重點。

因此，新鮮靈活又帶點表演性質的行業特別適合你。需注意的是，天性崇尚自由的你，在工作中需要很大的發揮空間，你無法忍受太過制式、刻板的環境，所以你也需要十分信任你的工作夥伴和上司。

★樣樣通，樣樣鬆

你什麼都懂，但卻沒有一樣精通！5號精靈的好奇心極重，什麼事情都想摸一摸、瞧一瞧，但也撐不了幾分鐘。多半只是抱著參一腳的心態而已，很難看出你真正的興趣，也很難培養你真正的專長。而且，一旦出現其他新鮮的事物時，你的一顆心又立刻朝向那裡飛去，簡直就像追趕流行一樣嘛！

★注意力難集中

總是不斷追求新鮮事物的你，還衍生一項更重要的問題，就是注意力不能集中。5號精靈覺得世界實在太有趣太好玩了，想到什麼就馬上去做，在同一個時間內總是貪心的想做很多事情。不論對事對人，5號精靈都是這個樣子，無法安頓在同一件事情上面；人們會相信，當你看著他們的時候，絕對是真心誠意的，但也沒有什麼人有把握可以真正留住你。其他人對這點常常感到無奈，因為你總是很真誠的付出時間和精力，就只能怪這個世界誘惑太多，害你不能專心。

★過度放縱

5 號精靈擁有天生的賭性，這讓你們很難拒絕誘惑刺激的挑戰，尤其一旦讓你們在競賽當中嘗到一點甜頭時，你便會欲罷不能，執意陪賭到底。其他聲色感官的刺激，對你也有相同的效果，不甘寂寞的 5 號精靈很容易沉溺其中難以自拔，特別是當你玩笑開上癮時，也容易成了大家眼中惡意的搗蛋份子。

5 號精靈的金錢與祕訣

聰明伶俐的 5 號精靈，不知為什麼面對金錢時總是少一根筋，或許你的錢財也如同你自由的個性，像是長了腳一般喜歡四處跑動。

5 號精靈好像很少考慮儲蓄這件事情，因為對你們來說，賺錢最佳的方法就是憑感覺、靠機會，當時機來臨時就要大膽的冒險，好好抓住機會賭一把才是。其實 5 號精靈有許多優秀的能力，可以賺到大錢，雖然你們不懂得守財，但你們也總是有錢可花。因此，如果 5 號精靈能夠花點時間學習理財，其實很快會看到不錯的成績，所以還是勸你多花心思盯緊自己的荷包吧。

5 是所謂媒體的數字，5 號精靈特別擅長溝通傳播，因此在廣播、電視、網絡與銷售等，各種媒體平臺就是你們最能發揮天賦以及獲得收入的管道。

Tips......

- 當一拿到錢，就立刻存進個人帳戶裡，盡量避免交給他人或做其他的運用。過一陣子的累積，你會發現成績還頗為可觀的。
- 5 號人的金錢運，通常會在 1 月、5 月、6 月、9 月、10 月特別發達。
- 金錢壓力容易發生在 1 月、3 月、12 月。
- 與 1 月、3 月、12 月出生的人，比較容易有金錢糾葛。

你所不知道的 5 號精靈小祕密

★ 5 號精靈是世紀大嘴巴

5 號吐真言：「我八卦、故我在。別小看，這些都是最新鮮出爐的第一手資料喔！」

5 號精靈可是認真地將八卦閒話傳播，當作是一項知識和見識的能力表現，他並非謠言製造者，八卦在他們的生活中就像舞臺上的燈光、餐後的最後一道甜點，是絕不可少的生活經典。仔細聆聽 5 號的大嘴巴，還可以長一點知識哩。他們大嘴，無惡意、不傷人，應該算是某種

傳遞訊息的有效方式吧。

　　5 號精靈總是漫不經心，無需費力，就可以把古板的事情妙語如珠，輕輕鬆鬆的脫口而出。有時明明是該悲情的，可從他嘴裡卻成為另一樁有趣事件。偏偏你也不得不承認，你真愛聽他們大嘴八卦，5 號精靈的表演天才也生動，總是把大夥兒逗得樂不可支。

　　其他的大嘴巴：

　　1 號精靈：我才是新聞發布站站長，天下哪有我不知道的事情呢？

　　認輸或是承認自己的無知，都是 1 號精靈無法忍受的事情。

　　若把 1 號精靈給逼惱了，爲了面子，他很能擅自給你編出一套故事，也不願承認自己對狀況不了解。

　　3 號精靈：你可以再靠近我一點。聚焦人物失了神，總是不小心洩露機密呀！

　　爲了搞笑，什麼都可以犧牲，當然也包括別人的祕密嘍。

　　不過別誤會，3 號精靈通常沒有惡意，也不會特別針對任何人，純粹只是爲了戲劇效果而已。

當 5 號精靈遇上其他數字精靈

5 vs 1 速配指數

工作 85

愛情 75

金錢 75

5 號精靈 VS 1 號精靈：靜態之間，需懂得平衡的藝術

1 和 5 的組合，彼此該相互學習與調適的地方很多。1 號精靈一旦決定目標，就會認真嚴肅地勇往直前。但是 5 號精靈卻是一個喜歡享樂與多變化的人，這兩種特質，正是 1 號精靈最大的課題與挑戰。因此，如果這樣的組合出現在 1 號老闆與 5 號下屬之間，會讓 1 號老闆有點吃不消。

很有趣的是，如果這樣的組合是出現在工作夥伴或是短暫的交往當中，倒是可能擦出電光石火般的燦爛煙花。若是出現在婚姻關係中的話，當 1 號男生配上 5 號女生時，還算能控制住場面，但若是反之，就要花上比較大的力氣做協調了。

5 vs 2 速配指數

工作 65

愛情 60

金錢 60

5 號精靈 VS 2 號精靈：君子之交淡如水

2 號精靈和 5 號精靈，在關係上有很多需要依賴彼此的地方，他們在簡單的友情相處方面會比較融洽，但如果涉及到嚴肅一點如異性關係，或者是更深入的交往上，衝突感就會隨之而來。因為 5 這個數字，一向喜歡自由，喜歡速度與不斷地變化，這種特性對依賴性很強的 2 號精靈來講，很難去附和、成全、追隨。

2 號精靈想要的是一個能提供他安全感的穩定關係，而偏偏 5 號精靈喜歡獨立自主，像風一樣不受拘束，這勢必給 2 號精靈造成一個很大的心理負擔和負面影響。

5 vs 3 速配指數

工作 85

愛情 95

金錢 55

5 號精靈 VS 3 號精靈：享受人生型

這兩種人在一起是非常合適的。兩人都喜歡接觸群體，很樂於參與社會活動，並善於表達自我。5 號能夠很快的接受各種變化資訊的收集，這正好和 3 號的創造性相合。5 號精靈通常喜歡做一些改變，在社交活動中感受體驗。3 號精靈則喜歡在生活中注入新鮮的活力。兩人都是享受生活的類型，所以只要喜歡的事物，在財務花費上很瀟灑買單，因此很難存到錢。如果，一方對金錢比較節儉有儲蓄概念，那麼婚姻的成功率就比較大一些。

當 5 號精靈碰上 4 號精靈

5 vs 4 速配指數

工作 65

愛情 55

金錢 60

5 號精靈 VS 4 號精靈：風馬牛不相及，規矩與自由的碰撞

4 號精靈與 5 號精靈大部分時間都不那麼和諧，4 號精靈主張次序感、邏輯性和完美的系統，相信無規矩不成方圓；而 5 號精靈極度崇尚自由多變化，兩者的性格特質和人生追求截然不同。5 號精靈和 4 號精靈相處時，會覺得自己是籠中鳥。

兩者應該學習彼此的長處，5 號精靈可以透過自己多變化的特徵，

讓 4 號精靈感受到人生還有輕鬆的一面。同時，5 號精靈也應該從 4 號精靈身上學到，追求自由可以在一個大的規範下，也許運作出不同結果。

5 vs 5 速配指數

工作 70

愛情 75

金錢 65

5 號精靈 VS 5 號精靈：當風遇上風；崇尚自由，享受放縱

數字 5 像風一樣，代表速度和變化，所以就長期關係來看，嚮往心靈自由的兩個 5 號精靈是不大可能綁在一起的。因為太崇尚自我解放、超脫的理想和境界，兩個 5 號精靈在一起的話，會過度的放縱自己，尤其在性愛、酒精、藥物等方面。

當然，兩個 5 號精靈是最適合享受短暫愛情關係，和簡單朋友關係的組合。他們是「一夜情」的高發人群。同時，因為 5 號精靈心思、想法、生活狀態等方面的善變，可能會危及到雙方好不容易建立起來的關係，所以兩者都要互相警惕包容。

5 vs 6 速配指數

工作 65

愛情 70

金錢 70

5 號精靈 VS 6 號精靈：動盪與平穩的一對，摩擦不斷的歡喜冤家

數字 5 和 6 實際上代表這不同的能量和振動，5 號代表動盪，而 6 號則代表平穩。當 5 號精靈與 6 號精靈在一起時，可能會有很大的摩擦。6 號精靈願意承擔責任，樂於助人。5 號精靈喜歡變化，不喜歡受到約束。但是如果雙方對責任感有新的認識，他們可能會有很好的婚姻狀況。

因為 6 號精靈是顧家者；5 號精靈則喜歡性事，所以在婚姻關係上，兩者可能會有很多的機會和對話。兩者相處時，6 號精靈可能要忍受 5 號精靈多一點點。對於喜歡牢牢紮根在自己土地上的 6 號精靈來說，如何抓住像漂浮在空中的雲朵一般的 5 號精靈，真的需要多花一點心思。

5 vs 7 速配指數

工作 60

愛情 65

金錢 75

5 號精靈 VS 7 號精靈：不同的生活態度，頗具挑戰的組合

5 號精靈與 7 號精靈在一起，需要面對很多的挑戰。5 號精靈在生活上希望追求輕鬆的態度，7 號精靈則不同於 5 號享受生活的心態，他喜歡嚴肅地探索生活的真理和本質；這個差異會使兩者的相處變得困難。

數字 7 的能量振動，代表著對安靜的渴望，象徵著獨處。5 號精靈則熱衷於社交，享受與他人的接觸、互動與交往。如果 5 號精靈和 7 號精靈想要長期的交往下去，需要做的功課會很多。

當 5 號精靈碰上 8 號精靈

5 vs 8 速配指數

工作 80

愛情 70

金錢 85

5 號精靈 VS 8 號精靈：志不同道不合，但可蹦出光點

5 號精靈與 8 號精靈對生命基本的興趣有很大的差異性，只有小部分是相像的。5 號精靈希望在豐富的物質環境裡好好的去享受財富帶來的好處。但是 8 號精靈卻是希望在所謂的物質世界裡面，去追尋物質所產生的能量和權威感。

8 號精靈會努力的去累積財富，累積越多，他的成就感就越強。總的來講，8 號精靈可以說是物質世界的建構者，數字 8 是非常穩定、值

得信賴的震動能量。5 數則是抓不住也非常不受控制的，與務實的 8 相比有很大的區別。

5 vs 9 速配指數

工作 85

愛情 80

金錢 70

5 號精靈 VS 9 號精靈：天羨佳侶；不同特質的自由主義者

數字 5 和數字 9 代表的都是崇尚自由的號碼，兩種人在性格上都是追求自由自在，無拘無束的。大部分時間，5 號精靈和 9 號精靈的相處，是非常和諧的。

一旦他們產生了衝突，主要原因是，5 號精靈內在欲望是希望完全無法被掌控的心靈，而 9 號精靈雖然也追求自由，但仍希望在自由中享受一點依賴感。當雙方有矛盾時，9 號精靈會覺得 5 號精靈追求的自由太過於「自我」，9 號精靈希望能夠多參與公共事務幫助他人的特質，會常常與 5 號精靈想完全獨立自主的自由產生抗衡。如果兩者想要融洽的話，需要多理解彼此，對於生活價值跟生命存在的意義。

你是 6 號精靈

每月 6 日、15 日、24 日出生的你

6 數是美感、正義

奉獻、親情、顧家、慈悲、智慧、愛心、信賴、熱情、責任，穩定、正義、公平、關懷、浪漫、柔情、美感、承諾、組織，溫暖、婚姻、撫育、誕生。

誠懇正直、認真負責、甘願付出、寬容慷慨、生命智慧、美感創造、缺乏自信，不切實際、好強爭辯，強行干涉、好辨善妒，囉嗦嘮叨。

 ## 6 是什麼？

認識數字 6

　　6 的正面特質：穩定、信賴、熱情、責任、正義、奉獻。

6 的負面特質：缺乏自信、不切實際、好強爭辯、強行干涉。

★達文西（Leonardo da Vinci）1452/04/15

　　為義大利文藝復興時期重要的創作者及畫家，與米開朗基羅和拉斐爾並稱文藝復興三傑。他在繪畫、音樂、建築、數學、幾何學、解剖學、土木工程等領域都有顯著的成就。達文西的發明大多是超前的，他博學多聞、擁有無法比擬的好奇心與創造性想像力，擁有不同類型的天賦；其繪畫作品中的《蒙娜麗莎》最負盛名，《最後的晚餐》被認為是所有時期中最多被複製的宗教繪畫。

★佛洛伊德（Sigmund Freud）1856/05/06

　　奧地利心理學家、哲學家，精神分析學的創始人，又被稱為心理分析之父。他開啟了一幅全新的思想全圖，並發現了一種窺探人類內心世界和精神生活的新方法，他是二十世紀最有影響力的思想家之一；其《夢的解析》、《潛意識》等著作，提供我們對潛意識、心理疾患、心理治療等方面的更深了解，且被廣泛地運用在不同學科領域，如哲學、宗教學、文學、人類學、歷史學和藝術等。

★徐志摩 1897/01/15

　　中國著名的新月派現代詩人，散文家。徐志摩出生于富裕家庭，曾

留學英國，在劍橋兩年深受西方教育的薰陶及歐美浪漫主義和唯美派詩人的影響，奠定其浪漫主義詩風。康橋的環境，促成了他的社會觀和人生觀，同時也觸發了他創作的意念。徐志摩倡導新詩格律，對中國新詩的發展有重要影響。他一生追求「愛」與「美」的純粹感受，為他帶來了不少創作靈感，代表作品有《再別康橋》、《翡冷翠的一夜》最為經典。他與三名女子的戀情，為世人津津樂道，其生平被拍攝為《人間四月天》著名影集。

6 號精靈的幸運地圖

幸運金屬：銅

幸運色彩：所有深淺藍色系

幸運食物：豆類食物和各種蔬菜

飲食叮嚀：避免油膩與營養成分過高的食物

幸運寶石：土耳其玉、祖母綠

幸運數字：6

幸運衣著：你常常會忽略了自己的外觀，這種態度和舉止和你的自信心有很大的關係。你是個相當溫暖且有母性的人，這也會反映在你的穿著上。你對流行不那麼敏感，也不夠熱衷。你喜歡的服飾是盡求不囉嗦、不麻煩的那種；一切以舒服、簡單易穿著為主要考量。特別要注意的是，切莫邋遢，把身材弄得走樣了，也要避免造成臃腫感。

幸運時刻：每日當中，白天是 6 號精靈表現最佳的時刻。

幸運日子：每月當中，6 日、15 日、24 日，所有相加起來為 6 的日子，就是 6 號精靈的幸運日。

數字 6 的深度探險

★ 6 號精靈——溫和正義的戀家子

美的事物，總是在 6 號人身邊打轉，不為什麼，因為你真的很愛美呀！只要是有關藝術、音樂、繪畫等美的事物，都容易讓你如痴如狂。

另外，相信你一定有過仗義執言的經驗吧！因為 6 號人的公平正義是出了名的，再加上一股悲天憫人的熱忱，對家庭、對社會，你都覺得有一份義務和責任。因為這樣的性格特質，你不僅很會照顧家人與朋友，那些和平組織和醫療救助單位等也常能見到 6 號人的蹤跡；站在你的身邊，一股溫暖就打從心底油然而生，你是最能夠將「愛」化為具體實踐的人。

6 號精靈的名人：佛洛伊德、梵谷、達爾文、巴哈、阿莫多瓦、徐志摩、喬治克隆尼、海倫杭特、珍妮佛羅培茲。

★愛情模式～浪漫情節的真實版

6 號人天生就是為戀愛而生的生物，音樂、花束、燭光晚餐、情話綿綿……你的戀愛方式實在和小說、詩歌、電影裡的情節太類似了。和 6 號戀人談戀愛，總讓人有如夢似真的感覺。一般人對愛情的幻想與實際的落差很大，而 6 號戀人天生對浪漫的追求，恰恰擁有將夢境化為真

實的魔法。

6號戀人是標準甜膩型的戀人，你很懂得藉由身邊的事物傳達你的情感，也能說出一口漂亮的情話，6號戀人不僅懂得為伴侶營造浪漫的氣氛，自己本身也很容易被浪漫的情景給打動。而在書本字裡行間時常出現的激昂澎湃的情感，6號戀人也仿佛天生就有慧根能立即接受；你會愛得非常用力，非常徹底。此外，柔和的線條、光線、音樂……凡是與美相關的事物，也很容易將6號戀人帶領到一種沉醉於夢幻的境界。

★愛情互動～你濃我濃，彼此溺愛

以6號戀人的論點來說，愛不能光說不練，要付諸實際行動才算。因此，通常6號戀人對自己的伴侶相當親暱，當你面對伴侶時會換上一副沉醉戀愛中的態度，不僅說起話來輕聲細語，連眼神也格外柔情，人們可以輕易分辨出，究竟誰是你的伴侶。

6號戀人和伴侶之間的互動是相當頻繁的，親吻、擁抱都是你很習慣表現愛意的方式，你尤其喜歡被輕輕的撫摸，你認為在這樣的肢體動作裡，包含了無盡的愛意和柔情的想像。基本上，6號戀人需要和伴侶維持緊密的關係，你無法忍受分隔兩地或是行徑太過獨立的對象，因為6號戀人的愛情裡需要大量羅曼蒂克的情境和彼此依賴的實際接觸感。另外，6號戀人也需要對伴侶透徹的了解，總是讓人一知半解的神祕戀人是無法滿足你的。

★愛情大忌～覆水難收

當伴侶傷了 6 號戀人的心時，就是這段戀情走向結束的時候。不過很有趣的事，通常都是伴侶主動離去的。

6 號戀人在天性上特別重視「愛」感，你有強烈的能量去愛他人，去感受愛。但當你遭受愛的挫折或背叛時，傷害與憤怒也是特別劇烈的。由於天性的關係，要 6 號戀人一直板起臉孔，對自己心愛的伴侶惡言相向，簡直是不可能的事。因此，當傷害發生時，為了挽回伴侶的心，6 號戀人反而會以更溫柔的態度面對自己的愛人，甚至有可能是以一段感情的出軌，來贏回伴侶對自己的佔有欲。6 號戀人從不大聲爭吵，但空氣裡那般無形的壓力和罪惡感，反而會逼得伴侶只想加速逃跑。

 性愛樂園

❤希望能沉浸在愛的氣氛圍裡

6 號戀人天生就受「愛」的強烈驅使，你天生就懂得如何操弄人體感官和直覺情緒，也讓你努力追求所有熱情和歡愉，引領伴侶一起享受極致的境界。

不過，單純的性活動和感官刺激是無法 100% 滿足 6 號戀人的。你天生對「愛」的感覺有強烈的渴望，因此當你在追求感官歡愉的過程時，不論是藉由浪漫的情境或是內心的悸動，你都希望能沉浸在愛的氛圍裡。若將一次表現 100 分的性愛和一個充滿愛意的吻來比較，6 號戀

人無疑會選擇後者。因此，若要給 6 號戀人在性事方面有十足的享受，最好是有程式、步驟的，比如先來一頓羅曼蒂克的晚餐，在柔和的燈光下漫舞，在一片被愛包圍的氛圍中進行性活動，這是最能讓 6 號戀人神魂顛倒難以忘懷的。

6 號戀人天生對體香有種強烈的癖好，戀人用過的衣服、毛巾、睡過的床單，都會挑起你非常大的情慾。基本上，6 號戀人有時會沉溺於性的追求當中。除非，你能在幻想之中，充分滿足對性的期望，否則你很容易同時擁有一個以上的戀人。你天生迷人的特質和美好的外表，就在性吸引上佔了很大的優勢，而你特有的服務與分享的個性，加上對「愛」的渴求，也會讓你磨練出高超的性愛技巧。

性表現良好：星期一、星期四、星期五

性豐富期：3 月、5 月、7 月、10 月、12 月

性節制期：星期六、星期日，以及每年的 1 月、2 月、8 月

 愛情罩門

♥由愛生恨

「愛恨只在一線之間」，這句話在 6 號戀人身上最為明顯。6 號戀人天生就是為愛而生，你不僅積極將愛實踐，對愛也有超乎常人的期望，因此你對愛的表現要求也特別高，不見得非要伴侶發生背叛、不忠的行為才能引發你的恨意，有時對方的表現不能達到你對愛的標準，你一樣容易感到挫折與失望。

在 6 號戀人身上，常有「愛得越重，恨也越深」的例子，越是你喜

歡的對象，你的要求也就越高，也更容易讓你跌得粉身碎骨；有時連你自己也不禁納悶，到底情感濃烈是否能夠走的長久呢？

♥ **潛在的劈腿基因**

先別急著質疑 6 號戀人對愛情的忠誠度，6 號戀人的愛是很忠心的，但是你也實在太需要愛與浪漫的感覺，最好時時可以沉浸在愛的情節裡。那麼，一個戀人怎麼能時時刻刻都滿足你呢？

全心全意對 6 號戀人施展溫柔愛意，是讓 6 號戀人死心塌地的最佳方式。但是，6 號戀人天生活絡的性衝動是最大威脅。你對性事深深著迷，有太多的期待和幻想，但現實生活中很難完全實現，也似乎永遠都無法滿足你。若伴侶能夠察覺你的需求，藉由實際或想像的方式讓你充分獲得滿足，就可以避免你去尋求其他的刺激，否則恐怕很難抑制你天生另外覓食的衝動。

 情人攻略祕法

♥ **如何追求 6 號精靈？打扮的美美的，就對了！**

6 號戀人天生對美的事物特別敏感，因此對俊男美女也特別難以招架。如果你有副好看的外表，恭喜你，你已經成功了一半。6 號戀人非常感性，很容易對一首小詩、一段歌詞、一句名言所感動。6 號戀人特別喜歡被溫柔的照顧。此外，美好的聲音、才華、藝術，只要是美的東西，都能夠打動 6 號戀人。

♥ 6 號精靈會如何出招？羅曼蒂克的調情高手，適時點燃戀人內心的情愫……

6 號精靈的感情生活不能缺少浪漫的情境，創造有如電影般浪漫的情節正是他們的專長。

特殊節日正是表現的最佳舞臺，他們絕對不會錯過。當 6 號精靈為你瘋狂時，舉辦重要的紀念日、生日等，他們都會從頭到尾完美安排，讓你醉心在一片羅曼蒂克的氣氛當中，甘心成為他們的俘虜。

6 號精靈的工作

「愛與分享」是 6 號精靈最重要的特質，也是 6 號精靈最重要的天賦。因為情感旺盛的緣故，6 號精靈對美與藝術方面也特別有天分。

我們常說，人們外在的表現受到內心強烈的影響，也常聽到幸福的家庭是成功的泉源……在團體中，6 號精靈既像一個可靠的軍師，又像一個慈愛的家長。你不是對外搖旗吶喊衝鋒陷陣的類型，反而像個留守本營，等待他人凱旋歸來的角色。6 號精靈就是有辦法讓大家都相信，這個陣營會因你而有源源不斷的食糧和補給，永遠會有一床溫暖的被窩，所有的基礎都會穩穩當當的安置在那兒。這正是 6 號精靈最大的財富，你總是在他人心中扮演一個支持、安心、慰藉的角色，大家總能感受到你強烈的助力和認同，你在心靈和自信上給人安定的力量，讓人在面對不同挑戰時毫無後顧之憂。

「正直」是大家最樂於稱讚你的優點，在 6 號精靈身上，甚少看見自私自利的影子，你總是堅守本分，很少因為私人情感而影響工作的表現。你給人一種實實在在的感覺，大家對你非常的信任，也從不認為你

會有什麼壞心眼，人們很願意聽你的建議，也很相信你的判決。

6 號精靈適合成為：教師、醫護人員、心理諮商、法官和動植物的保育者。

6 號精靈天生具有強烈的責任感和正義感，工作交付於你就是一項安心的保障。而 6 號精靈甚少被私利牽著走，是個很會為大局、大環境著想的數字，你希望你做的事情或決定能讓多數人得到好處，因此不論什麼事情都會從比較大的角度去考量。你天生就是個智慧型的管理者，特別在教育、撫育、醫藥諮商、社會工作、保姆、園藝和農林方面有傑出的表現。

6 號精靈是愛與關懷的代表人物，你能貢獻的往往不只是你的專業技能，因為無論在什麼情況下，也不論你的工作內容為何，你都會為你所在的環境帶來溫暖與快樂。

★過度干涉

千萬別天真的以為你真誠的好意，讓所有人都巴望不得、也感激不盡，有時這只是你一廂情願的想法罷了。

6 號精靈幾乎對任何人都能敞開心房，正直不藏私的你，很樂於將自己的一切公開，也樂於將自己的能力與大家分享，仿佛奉獻就是你天生的使命。不過，6 號精靈這種一股腦兒就將自己全然坦誠、全部奉獻

的精神，並不是每個人都有福消受啊！尤其當雙方對彼此的關係和認知程度並不相等時，往往 6 號精靈就像是跑得太快、給得太急的那一方，太多的體貼和關心反而讓人覺得嘮叨雞婆。所以，你有時要懂得收斂，省省自己的力氣呀。

★愛也會讓你變得頑固

6 號精靈雖有滿腔熱情，但你也絕不是默默付出，不求回報的爛好人。你雖然要的不多，但對方總要懂得領情，懂得你的好意才行。你樂於付出的天性，總是將自己視為正義、公理和最懂得體貼的那一方。因此，當他人向你築起一道牆或拒絕你的好意時，你會覺得這些人是怎麼搞的，怎麼這麼不知好歹呢 ?!

當你付出的愛與關懷受到阻撓時，你容易產生失望、憤怒的情緒，常常「砰」的一聲，將心房大門用力關上，賭氣什麼事也不願多管。如果真的惹毛了你，你天生那份無微不至的關懷特性，也會一百八十度把你變成了錙銖必較的找碴專家。

★悶不做聲的醋罈子

6 號人付出的多，但卻也是最需要愛和關注的人。不論在任何場合中，那種「被需要」的感覺是 6 號人生存的支柱。你常常會在意，自己是不是被忽視了？是不是沒得到應有的關心與注意？雖然有時你明知道這樣的要求很不合理，但你就是忍不住會去比較一下，到底自己在人們

心中是不是最重要的。雖然，你在其他方面都很坦誠，但偏偏就是這一點不愛表明說出來，常搞得自己滿肚子委屈，而身旁的人卻是一頭霧水。

6 號精靈的金錢與祕訣

6 號精靈，天生擁有強烈的責任感，偏偏賺錢也是你的責任感之一。對 6 號精靈來說，「態度」是你獲勝的最大關鍵，因為不論你正在做什麼事，你都抱著一定要將它做好的心態去努力；不論你從事什麼樣的競爭，你也一定要朝向勝利去前進。因此，對你應該要賺到的金錢，你也會極力爭取。

6 號精靈像是天生的生意人，你對商業金錢的認知相當準確，很懂得在商業市場中變通，讓你的生意頭腦可以快速累積金錢。此外，你對討價還價也很有一套，也很懂得控制成本，往往有能力以合理的花費產生最大的效益。因此，在所有百萬、千萬富翁的名單上，6 號精靈往往是前幾名的富豪喔！

值得注意的是，6 數本身是一個屬於團隊的數字。因此，在你的天性裡，經過良好團隊合作的事物，可以讓你獲得更大的成就。反而你獨立運作的事物，很少做出驚人的成績。

Tips......

- 透過一些合作與團隊的管道，最可能幫你累積大量的金錢。有任何賺錢的機會時，你要懂得適度讓他人參與分享，這對你只有好處沒有壞處。

- 一年當中，你最適合和金錢打交道的日子是在 3 月，5 月、7 月、10 月，12 月。

- 出生在2月、4月，8月的人，特別容易和你有財務方面問題。

你所不知道的 6 號精靈小祕密

★ 6 號精靈是碎碎念專家！

6 號吐真言：「因為我關心，所以多叮嚀，你要說這是嘮叨，我可不依！」

6 是一個屬於正義、愛與關懷的數字，只要是為了其他人好，6 號精靈有一個很大的特點，那就是「不推辭，也不嫌煩」。6 號精靈往往就像偉大的媽媽一樣，再怎麼瑣碎惱人的小事，6 號精靈總是會甘願去做；但也因此，6 號精靈總把事物的小細節摸得一清二楚。你說，6 號精靈能唸的事情，還會少嗎？

不過也因為如此，6號精靈的碎碎念是堪稱最義正詞嚴，也最正當的。因為6號精靈並不會胡亂指責、漫天開罵。6號精靈碎碎唸的每一點，都是當事人自己深知的缺點，甚至足以讓當事人羞紅了臉的惡習。6號精靈因為出於關懷，可是早就把你從頭到尾都給摸透了。

其他碎碎念專家：

5號精靈：我懂得多，看得多，當然能說的也就多了啊！

資訊通的5號精靈，由於經驗豐富，見識廣闊的關係，5號精靈的碎碎念比較像是一種糾正和提醒。因此面對5號精靈的碎碎念時，若你能虛心接受的話，其實是很受用的。

9號精靈：不時發出一點聲音，你才會記得我的存在。

9號精靈很喜歡湊熱鬧，說起話來常常不經大腦思考，因此9號精靈的碎碎念，比較像是對著空氣亂放炮。當9號精靈話一多起來的時候，也只是空有惱人的實力，卻絲毫不具殺傷力。

當6號精靈遇上其他數字精靈

當6號精靈遇上1號精靈

6 vs 1 速配指數

工作 60

愛情 55

金錢 70

6 號精靈 VS 1 號精靈：互不相讓，尚需學習互退一步

基本上 1 號精靈和 6 號精靈都是發布施令型的人，兩者很難真正達到和諧，發生爭執的機會也不少。因此，這樣的組合，兩者對於退讓、忍受、聆聽等等的修養，都要花上較大的功夫。

6 號精靈是一個勇於表達自己的數字，也會為自己認為的正義公平力爭到底。這對不能接受他人質疑和反對的 1 號精靈來說，顯得比較難以接受。而在愛情與工作上，這樣的組合都會比較辛苦，除非是遇上一個溫柔可以放下身段的 6 號精靈，在彼此學習「退一步海闊天空」的道理下，相處起來就會比較和諧。

當 6 號精靈碰上 2 號精靈

6 vs 2 速配指數

工作 85

愛情 95

金錢 90

6 號精靈 VS 2 號精靈：天生一對的絕配

數字 2 和 6 是非常棒的一個組合。2 號精靈希望依賴比他強的對手或是對象，能以一顆寬容的心去對待對方。6 號精靈能給予一般的人穩定、勇氣和自信心，當他們一起工作相處或是建立起密切的朋友關係時，能夠互相學習，互相支持，幾乎各方面都能處理的非常好。

2 號精靈和 6 號精靈都是充滿熱情和愛心的，彼此都願意付出，會

站在一個客觀的立場上考慮事情。6 號精靈能提供給 2 號精靈最需要的穩定感，他們在婚姻關係上可以說是絕配！

6 vs 3 速配指數

工作 90

愛情 90

金錢 80

6 號精靈 VS 3 號精靈：天造地設型

這兩種人在一起簡直是絕配。數字 3 和數字 6，這兩個數字的震動都偏向於友誼、社交活動，並熱衷於社會群體化。兩個人在一起會彼此關心，也都比較有創意，能表達自己的想法，成為婚姻關係很好的組合。3 號特別喜歡孩子，6 號更願意承擔家庭的責任，對家庭成員特別重視，兩個人可以和平相處，是各方面都可以互相協調的一對。

6 vs 4 速配指數

工作 80

愛情 70

金錢 75

6 號精靈 VS 4 號精靈：共生共存；工作無懈可擊，愛情仍需努力

4 號精靈與 6 號精靈在一個組織中會互相依靠，互相依賴，他們在一起能維持和諧的關係。4 號精靈喜歡在一定的架構中追求規律，6 號精靈則很有責任感，非常務實，與 4 號一起工作的話，兩者會共同努力為目標打拚。

可是，兩者在愛情方面較少有電光石火的情境發生。4 號精靈常常會疏忽自己天生的磁性與魔力般的吸引力；而 6 號精靈對於美要求很高，凡事皆以美為基礎。如果兩者可以共同培養對美的興趣，或者增加彼此性吸引力的樂趣，這部分就可以成為兩人繼續走下去的關鍵。

當 6 號精靈碰上 5 號精靈

6 vs 5 速配指數

工作 65

愛情 70

金錢 70

6 號精靈 VS 5 號精靈：動盪與平穩的一對，摩擦不斷的歡喜冤家

數字 5 和 6 實際上代表這不同的能量和振動，5 號代表動盪，而 6 號則代表平穩。當 5 號精靈與 6 號精靈在一起時，可能會有很大的摩擦，6 號精靈願意承擔責任，樂於助人。5 號精靈喜歡變化，不喜歡受到約束。但是如果雙方對責任感有新的認識，他們可能會有很好的婚姻狀況。

因為 6 號精靈是顧家者，5 號精靈則喜歡性事，所以在婚姻關係上，兩者可能會有很多的機會和對話。兩者相處時，6 號精靈可能要忍受 5 號精靈多一點點。對於喜歡牢牢紮根在自己土地上的 6 號精靈來說，如何抓住像漂浮在空中的雲朵一般的 5 號精靈，真的需要多花一點心思。

當 6 號精靈碰上 6 號精靈

6 vs 6 速配指數

工作 95

愛情 90

金錢 85

6 號精靈 VS 6 號精靈：天作之合，固執的正義使者

兩個 6 號人在一起的時候，大部分時間都是甜甜蜜蜜，很和諧的。他們會組成一個非常完美的家庭，並且把家庭打造成不容許別人破壞的堡壘。他們還擁有更美好的元素，比如經濟條件、和諧性格等，所以他們的婚姻在所有的組合裡面算是最美滿的。

從另外一個角度看，數字 6 對於責任、正義、是非，都有很強烈的能量互動。當 6 號精靈身負重任的時候，他會認為自己做的是對的，這時候他們會比較固執的堅持自己的信念。一個負責任的 6 號精靈在幫助別人時，非常渴望得到他人的回應。如果兩個 6 號精靈發生爭執，原因可能就在於他們都認為自己是對的，都是正義的使者。

6 vs 7 速配指數

工作 75

愛情 65

金錢 65

6 號精靈 VS 7 號精靈：是外向與內向，擁抱別人和擁抱自己的差異

6 號精靈和 7 號精靈存在著很大的差異；6 號精靈是喜歡擁抱、溫暖，和人接觸的。而 7 號精靈比較傾向於獨處，反省自我，追求內在世界與形而上的心靈滿足。這兩種不同特質的人，在生活步調上會有很大的差異。

另外，6 號精靈喜歡給予溫情關懷，7 號精靈則比較傾向特立獨行，喜歡耍酷，希望自己成為精神領導，這和喜歡擁抱別人的 6 號精靈相比，7 號精靈更喜歡擁抱自己，如果兩者要相處一起，一般是 6 號精靈主動伸出雙手，而且付出要更多些。

6 vs 8 速配指數

工作 90

愛情 85

金錢 90

6 號精靈 VS 8 號精靈：步調一致，共同追求美好的境界

6 號精靈和 8 號精靈大部分都能相處的非常和諧。他們彼此都很相信，人與人之間的關係是不需要非得靠在一起的；而靠近距離，也不代表關係才能夠維持得比較美滿。從正面的能量去考量，兩者在所謂的物質世界裡面，都會有很好的成績。

6 號精靈喜歡美好的事物，8 號精靈也要求優良的品質；而且 8 號精靈比較懂得如何去追求物質世界中的財富、權力感和權威感。6 號精靈在同樣的環境中，極力配合去支持 8 號精靈的追尋。他們在一起會有很好的物質生活和結果。

當 6 號精靈碰上 9 號精靈

6 vs 9 速配指數

工作 85

愛情 90

金錢 80

6 號精靈 VS 9 號精靈：樂於分享，注重關愛

6 號精靈和 9 號精靈在性格上有相似之處；他們在一起可以分享生活上的樂趣，願意為彼此付出，承擔很多的責任，所以大部分時間 6 號精靈和 9 號精靈可以和諧相處。

6 號精靈通常偏重於把愛給予他的家庭，他的朋友，他所熟悉的人和環境；而同樣屬於給予數字的 9，則更加博愛。即使是不認識的人，也可以得到 9 號精靈的愛。所以，如果 6 號精靈與 9 號精靈有矛盾，問題可能就是出在這方面。但是總括來講，兩者的組合是和諧的。

你是 7 號精靈

每月 7 日、16 日、25 日出生的你

7 數是探究、心靈

內省、思考、哲思、沉默、直覺、智慧、真理、理想、敏銳、邏輯、神祕、好問、冥想、謙和、觀察、邏輯、理性、孤獨、誤解、內向、獨立、感知。

超脫現實，心靈啟發，完美主義，過於冷漠、自大傲慢、自我放縱，鬼鬼祟祟，冷嘲熱諷，挑戰質疑，心靈諮商、不切實際，遠避人群。

 ## 7 是什麼？

認識數字 7

7 的正面特質：內心沉默，直覺真理，探究、理想。

7 的負面特質：過於冷漠、自大、傲慢、自我放縱、鬼鬼祟祟。

★貝多芬（Ludwig van Beethoven）1770/12/16

有「樂聖」美稱的德國作曲家。貝多芬的音樂可謂是西方浪漫主義音樂的典範及開源之作，他算是相當多產的作曲家，一共寫了九首交響曲、五首精彩絕倫的鋼琴協奏曲、一系列的室內樂、鋼琴小品及聲樂作品。

貝多芬在耳朵失聰、健康情況惡化，精神上受到折磨的情況下，仍以巨人般的毅力創作了《第九交響曲》，總結了他光輝的、史詩般的一生並展現了人類的美好願望。1823 年貝多芬完成了最後一部鉅作《第九交響曲》，人們把他描繪成視藝術高於一切的音樂大師，有著超出凡人想像力的創作能力，一位天外奇才。

貝多芬是一位極具想像力，充滿激情和力量的作曲家。他的性格複雜並自相矛盾。在情感上，一直存在著許多浪漫之謎，人們從他的情書內容研判，貝多芬是一位孤獨、飽受情感煎熬，以及病痛折磨的藝術大師。至今，我們最熟悉的《給愛麗絲》（其實是給泰莉斯）一直為人所熟悉，但誰都不知道 7 號貝多芬的戀人到底是誰。

★艾爾帕西諾（Al Pacino）1940/04/25

美國著名演員，成名作為《教父》等電影。帕西諾 50 年的演藝生涯中，獲得了許多榮譽；包括一項奧斯卡金像獎、兩項東尼獎、兩項黃金時段艾美獎、一項英國電影學院獎、四項金球獎、美國電影學會的 AFI

終身成就獎、金球獎終身成就獎、國家藝術勳章獎，和甘迺迪中心榮譽獎。

他演技多變，還是知名的舞臺劇演員、導演、編劇以及製作人。近年來，阿爾帕西諾儼然成為好萊塢最具權威的演員訓練班啟蒙老師，給與學員深厚的啟發與影響力。艾爾帕西諾十足展現了 7 號人獨特的智慧魅力。

★瑪丹娜（Modonna Louise Veronica Ciccone）1958/08/16

美國當代具有影響力的歌手，她跳脫主流，以 MV 引爆話題，利用影音影像手法達到宣傳自我最徹底的藝人，並以前衛大膽的話題挑戰禁忌，在全球獲得極大的名聲。

娜姐說，「我一直沒有策略，我從來不告訴自己下一章要做哪一種風格的專輯，只是隨著感覺來，我只是希望我的歌在十年後仍然聽不膩。」但事實上，娜姐如此大膽有自信的音樂與主張背後，都是經過細膩邏輯思考、來回演繹的過程，才能製造出精彩且經典的作品。深思熟慮，是典型聰明 7 號人的成功關鍵。

7 號精靈的幸運地圖

幸運金屬：鈾

幸運色彩：所有粉色彩，例如綠色、奶油色，白色

幸運食物：各種新鮮果汁

飲食叮嚀：避免口味過重的食物，切勿過度壓制情緒。

幸運寶石：珍珠、月亮石、貓眼石、翡翠

幸運數字：7

幸運衣著：7號人通常有良好的穿著品味，再加上個性的討好，所以很容易獲得好評。但是你又會與人保持一定距離，很難讓人辨識你內心的想法。直線條很適合你，剪裁直接、清楚。亮眼質感的服飾也不錯。通常優良的穿著打扮，甚至是昂貴一點的衣飾，對你來說都是值得的投資，它會帶給你相當的自信心。

幸運時刻：一日之中，晚上是7號精靈表現最佳的時候。

幸運日子：每個月中，7日、16日、？25日，所有相加起來為7的日子，就是7號精靈的幸運日。

 # 數字7的深度探索

了解你的7號性格

★7號精靈～真理至上的心靈導師

走進7號人身邊，就像掉入一個截然不同的磁場，因為你有一套自己的價值信仰，主宰這個體系的既不是你的老闆，也不是人類的道德、法律，能夠打動你的是自然與心靈層次的事物。

因為貼近心靈的關係，你也容易帶給人寧靜安詳的感受；或許你早就發現，你所關注的事物與他人不同，比起實際的收獲，你更在乎無形

的價值，即使明顯的事實擺在眼前，你也會帶著問號質疑一番；你對外的行為都會審慎思考過，一般你的行事總是比較低調，對於是非標準也比他人來的更為保留。

7 號精靈的名人：貝多芬、畢卡索、牛頓、艾爾帕西諾、尼可拉斯凱吉、史恩康納萊、瑪丹娜、李敖、馬友友、成龍。

---

7 號精靈的魅力與愛情

★愛情模式～蛇形前進的夢遊者

7 是一個形而上的數字，談起戀愛的時候，7 號戀人更是如此。

內斂和總是漂移的思緒，讓 7 號戀人有一種說不上來的性感和魅力。你們可說是天生的戀人，認為戀愛關係必須具備性原始的吸引力；同時你們也是很高端的操刀手，當你的愛慕者拚命追求你時，其實他們不知自己已經掉入了你的陷阱，巧妙地在進行遊戲中追逐者與被追逐者的角色互換。

7 號戀人有非常豐富的想像力，但也正因 7 號戀人的想像往往跑得太遠，因此在現實生活中要實現的機率也微乎其微。或許對你來說，現實的東西實在太呆板了，若不能加入一些重要的意象內容和實際意義，你們也很怕別人一把將你們重重地搖醒。因此，在戀愛關係中，7 號戀人也盡量避免正面表露或接受愛意。你們喜歡且擅長用暗示，蛇形的緩慢方式前進，因為太直接，你們賴以為生的想像空間便會因而消失殆盡。

★愛情互動～情感、想像的放大鏡

　　和 7 號戀人談戀愛可不是一件輕鬆的事，對方總是要不斷猜測你在想什麼，今天的思緒又飛到哪裡去？不過你最吸引人的，也正是這種帶有神祕感的無窮想像力。尤其是在兩人世界中，你總是可以為伴侶打開另一個新鮮刺激的門窗，逃離現實世界。

　　想像力，其實也賦予 7 號戀人一種沉溺在愛戀中的能力。7 號的戀人對象其實無須擔心在你心目中的地位，因為你總是認為自己的選擇很優秀、是很值得愛慕的對象。往往在你自我的想像中，戀人對你的愛慕不知不覺飆升到最高點。7 號戀人在哲學、心靈方面的強烈感知與天賦，對伴侶也會產生深刻的影響，你們會讓對方的生命、心靈有更深層的領悟和發現。

★愛情大忌～愛情也有安全距離

　　當一段感情過熱過甜，就是 7 號戀人喊停的時候。

　　許多人很享受伴侶依賴、溺愛自己的感覺，但 7 號戀人偏偏不喜歡。對於 7 號戀人而言，保持距離，對自己和對方都是很好的屏障，可以維護更長久的關係。從數字的統計來看，7 號戀人特別喜歡所謂的分居狀態，或者是遠距戀愛，你們不追求太過甜蜜的關係；最好兩人可以一個住在城東，一個住在城西，偶爾彼此透過書信電話的方式做心靈上的交流，這是 7 號戀人最嚮往的感情模式。

　　7 號戀人就像是天生的孤獨者，通常喜歡自己和自己作伴，喜歡自

己決定安排生活；在戀人關係中也比較以自我為考量。所以呢，7 號戀人也叫做 part time lover「兼職情人」；你們無法全天候待命，很需要自我的空間如何。若想和 7 號戀人感情可以走得長久，對方就必須要懂得給予很大的空間和距離。

性愛樂園

♥ 維持一貫愛幻想的特性

7 號戀人對性相當低調，當身邊的人討論到性的話題時，你常會有一點偏見、排斥的模樣；而當有人企圖接近你的時候，你就會收縮神經，全身緊繃，甚至很快的讓自己抽離那樣的氣氛當中，讓人不禁將你和「性冷感」聯想在一起。

即使在性事上，7 號戀人還是維持愛幻想的特性，覺得性幻想比實際的魚水之歡有趣。對 7 號戀人來說，「性」往往不只是肢體接觸而已，你會用充滿幻想的腦子賦予「性」更多的意義。這有時可以讓「性」變得異常豐富，也讓你們自己特別投入；但有時過於敏感，也是一種阻礙，因為你已沉醉在幻想當中，不需實際的動作就能滿足，你甚至對實際的行為會產生閃避的反應，這在一般的性事互動裡，會讓你的伴侶相當挫折。

因此，對於 7 號戀人來說，「性」是一個很好的人生學習課題。尤其在 7 號戀人想像與現實的鴻溝裡，以一種直接、自然的方式去面對「性」，將是一個很好的管道，可以幫助 7 號戀人在想像與現實之間搭起橋樑，認識生命的真實樣貌。

值得一提的是，7 號戀人對「性別」是很開放的，7 號戀人在性事上不特別偏愛異性或者是同性，或許是想像力特別豐富的關係，7 號戀人的性態度採取比較中性的立場，這往往讓其他人大感驚奇，尤其當 7 號戀人被貼上「性冷感」的標籤時，更是令人感到跌破眼鏡。

　　性表現良好：星期一、星期日

　　性豐富期：2 月、3 月、5 月、7 月、8 月

　　性節制期：星期二、星期六，以及每年的 1 月、4 月、11 月

 **愛情罩門**

♥太過迂迴，無人能解

　　7 號戀人有一套自己獨立的價值觀，世界有另一套運轉的方式，這些都不是輕易可以從一般談話或書籍中能找到訣竅去解讀的。而偏偏 7 號人又固執到不行，你們不會因為旁人無法理解而退讓或妥協。

　　其實你們並不如外表看來那般冷漠，只是在戀愛中，你們也有一套自認為最完美的運作方式，你正是以自己的方式經營愛情，往往不經對方同意。

♥重重的從幻想高塔跌落

　　能在現實與幻想中平衡生存的，好像只有成天與幻想為伍的 7 號人，擁有這種能耐。

　　通常會愛上 7 號人的，都不僅愛上你們的形體，也包含你的靈魂和幻想。7 號戀人往往也帶著自己的伴侶在夢境當中翩翩起舞，當伴侶

終於在夢幻中產生美好的想像時，7 號戀人在現實世界中的表現卻又不是這麼一回事。原來 7 號戀人太清楚在夢境中的生存法則，「大夢初醒」會在 7 號人的生命中上演無數回，早已知覺疲乏了。而 7 號戀人的伴侶，可不見得有這些能耐，他們往往帶著失望離去，因為他們終於認清，原來自己愛上的只是一個美麗的幻想，而不是真實的生活。

 情人攻略祕法

♥ 如何追求 7 號精靈？距離就是美感，你可以關心，但不能靠太近。

　　7 號情人比較傾向與自己的情人保持一定的距離，因此你最好不要表現的太黏膩，必須懂得讓 7 號情人保有私密的空間。

　　偶爾透過書信、電話或簡訊的方式做心靈上的交流，是 7 號情人最嚮往的感情模式，你並不一定需要天天出現，花和禮物也不見得最受用。

♥ 7 號精靈會如何出招？他的情感像是來自另一個世界，引誘你主動走進探尋……

　　7 號精靈欲追求你時，他不會走的太近，他只會引起你的好奇，讓你主動走近。

　　7 號精靈擁有豐富的想像力，思考的層面也與一般人大不相同。在他人眼中，7 號那種跳脫現實的神祕感會產生一種特殊的魅力，他們的情感懂得安全距離，他們會給你一點點訊息，讓你摸不太清楚他們真正的用意，又引你主動靠近找尋答案。

7 號精靈天生是很優秀的觀察者，你們喜愛探究真理，這讓你們養成從細微之處發掘資訊及線索的能力，也讓你們擁有認真投入、專注鑽研的特質。

因為 7 號精靈可以做出世界上最詳盡深入的分析報道，也能憑著一股探究透徹的熱情挖掘出意想不到的資訊。

你所追求的不是實際的物質，而是抽象的精神、心靈層次，比起金錢，服務性的付出更能讓你獲得內心的寧靜和滿足。誠實和謙和的個性，是 7 號精靈最受喜愛的特點，雖然你需要獨處的空間，不擅於太長太多時間與人相處，但 7 號精靈在人群中出現時，也總是不突兀、不干擾。

你對大自然、心靈方面特別能產生共鳴，並擁有很堅定的信念，因此現實生活中也不輕易被影響或打倒。在行為處事上，7 號人能從很深層的內在出發，讓人感受到一種難以言喻的貼近和信任感。由於 7 號精靈所重視的不是物質層面的事情，因此利益衝突總是離你遠遠的，在你身上也甚少發生遭他人陷害、算計等情況。

直覺和運氣是 7 號精靈天生接收的一項大禮，你們的直覺總是引領你們趨吉避凶。你們的天性不朝名利的方向靠攏，但名和利卻會因不同的因緣際會向你靠近。你不刻意追求事業成功和優秀的伴侶，但你身邊往往都是才華出眾、名利兼備的對象。

7號精靈適合成為：研究者、科學家、律師、作家、邏輯性強的學術人員。

7號精靈喜歡探究真理，不輕易接受既定的結論、結局，你們會用自己的一套方式給自己一個合理的解釋；是一個不達真理，不輕言放棄的人。這樣完美主義的性格，讓你做出的報告相當出色。因此，工程師、作家、律師、科學家、醫療師、研究學者等，任何需要經過研究、整理、邏輯性歸納出一套結論，或需具備高度專業的工作都非常適合你。

不過，別以為你可以輕輕鬆鬆和同事打成一片，並在和樂融融的氣氛下和大家同進同出、一起工作；你需要有獨立思考、獨立完成工作的空間，這樣才能充分發揮你天生的才能，而金錢、物質的事物對你沒有太大吸引力。因此，服務性質的機關單位或是能夠與大自然接觸的工作，比較能激發你投入，若是太過商業的環境，可能會讓你工作提不起勁喔！

★孤僻成性，冷漠無情

你總是跳脫現實，與紅塵俗世保持安全距離，好像天塌下來都不該你的事。你用一種近乎絕情的獨處方式遠離塵囂，看似你不被世人所理解，其實你的孤獨和疏離，很容易演變成高傲的姿態。在與他人發生溝通的障礙時，你常會放棄溝通，好似別人都達不到你的心靈層次，仿佛

再怎麼溝通都是枉然。久而久之，孤僻已經成為你的習慣，並非你內心真正的需要。

★一肚子鬼

沒有人能真正清楚你在想什麼？你的神祕常常讓旁人有所戒備，還好你通常對身旁的瑣事沒太大興趣，否則 7 號精靈絕對有使壞的能力。你善於觀察，又無時無刻不在思考，通天詭計很容易就可以從你的腦袋瓜裡長出來，加上你愛隱藏根本就是你的天性之一，天大的計畫你都可以鬼鬼祟祟的暗自進行。

★哀莫大於心死

愛幻想的你對現實世界往往有高過標準的期待，最重要的是，你對這些期望抱著深信不疑的態度。現實的狀況很難改變你，但總有一些時候，現實會重重擊碎你的夢想，你的極度失望會變成一種變相的反叛，你會完全遁入另一個世界裡逃避，用放棄一切或是無所謂的態度去面對現實，甚至變得過度放縱。

7 號精靈的金錢與祕訣

7 號精靈天生比較看重心靈與內在層次，而不是物質，因此你對金錢沒有太強烈的意圖，金錢對你來說很可能只是一個生存的基礎而已。大範圍對於千萬、億萬富翁做的調查發現，7 號精靈較少上大富翁的排

行榜，因為大量的財富從不在你的計劃之內，你沒有強烈的動機和高超的手段得到金錢，你幾乎都是靠直覺、天賦與專業賺得，而且需要慢慢的累積。

對你來說，知識、經驗、精神的報酬會比金錢來得更有價值。不過很有趣的是，不重視物質追求的你，卻很容易因為你所擁有的知識、專業而意外獲得金錢，這往往是其他人再怎麼努力也難有的意外結果。

Tips......

- 7 號精靈天生受到視覺創意的強烈吸引，在這個領域當中，7 號精靈特別容易發展出一套屬於成功的規則。
- 和出生於 3 月、5 月、7 月、8 月的人合作生意或工作容易會有一些斬獲。
- 與出生在 1 月、4 月、11 月的人，比較會發生財務上面的危機。

你所不知道的 7 號精靈小祕密

★ 7 號精靈是曖昧界第一把交椅！

7 號吐真言：「我想我的事情不喜歡多說，這樣很曖昧嗎？」

7 號精靈的天生神祕感，讓他成為一個曖昧的數字。7 號精靈擁有自己獨特私密的思考空間，對於自己也總是保留多過於分享。對其他人來說，7 號精靈無時無刻不在另一個世界遊走，明明 7 號人就在伸手可及之處，但他看起來卻好像總是隔著一層玻璃或水霧一般模糊；你看 7 號精靈的眼神總是迷迷濛濛的，這種像霧又像花的情境，幻想氣氛十足，很容易勾起旁人的遐想。

7 號精靈很少主動把事情說個明白，旁人總是搞不清楚，7 號精靈究竟是不是對自己有意思。偏偏 7 號人似乎很習慣於這種懸在半空，既不前進也不後退的情境裡，讓人對他有種「隔靴搔癢」無法淋漓盡致、痛快的感覺。

其他的天生曖昧體：

2 號精靈，我既溫柔又總是微笑待人，你想不誤會都難！

對人百依百順的 2 號精靈不會主動對人形成威脅，很容易出現曖昧的情況，惹人憐愛有餘，容易造成他人錯覺。

3 號精靈：我只是希望討人喜歡些，不一定真的有什麼目的啦！

3 號精靈除了希望給每個人好印象，也很懂得運用自己的魅力，不過，3 號精靈主動示好的方式很容易令他人造成錯覺，榮登曖昧界第二名。

當 7 號精靈遇上其他數字精靈

7 vs 1 速配指數

工作 65

愛情 60

金錢 65

7 號精靈 VS 1 號精靈：貌合神離；兩座冰山，難有熱情

1 號精靈和 7 號精靈基本上不太和諧，雖然這兩個數字都相當獨立自主，對世界也有屬於自己的一套看法，但這兩種人都喜歡獨處，因此較難發展出熱情的關係。

在面對生活時，7 號精靈是接受並期待巧合的發生，而 1 號精靈卻是凡事主動爭取。7 號精靈喜歡自省，喜歡用行動或是心靈上的追尋代替語言，但 1 號精靈卻喜歡把自己展現出來，對物質、世俗等的成功帶有很大的欲望。兩者的本質雖有相互呼應的地方，但表達的方式可說是截然不同，不免會有兩敗俱傷、令人頹喪的場面。

7 vs 2 速配指數

工作 70

愛情 65

金錢 70

7 號精靈 VS 2 號精靈：冰與火的較量

2 號精靈本身的性格是需要擁抱，需要溫暖，需要人陪伴的。7 號精靈則喜歡獨處，盡量與一般人保持一種距離感，他能深思熟慮，不喜歡被打擾。兩者最大的差距就是在性格上。

7 號精靈被視為一個特殊的、與眾不同的、跟別人有很大差異性的角色。7 號精靈剛好相反，他們希望被大家所接受、所認同，喜歡參與群體中的角色。他們之間在立場上的截然不同，若兩者相處時，彼此之間都要付出很大的努力才能達到相互了解。

7 vs 3 速配指數

工作 75

愛情 75

金錢 70

7 號精靈 VS 3 號精靈：截然不同調

這兩種人截然不同，但之間又能產生很多黑色戲劇。

3 號非常活潑，非常陽光，喜歡表達自己，特別是在人多的時候喜歡展現自我。7 號通常希望最好能躲在一個角落裡，擁有自己一塊小小的天地，可以去想自己的事，享受一人獨處。

而非常有童趣的 3 號會把 7 號從角落裡拖出來。如果兩個人能在生活上互相學習、共同成長，了解對方和自己完全不同的地方，把對方當作自己的寶貝和資產，這會使兩個人的路走的且長且久，兩個人在一起的關係會是相當微妙的。

7 vs 6 速配指數

工作 75

愛情 65

金錢 65

7 號精靈 VS 6 號精靈：是外向與內向，擁抱別人和擁抱自己的差異

6 號精靈和 7 號精靈存在著很大的差異；6 號精靈是喜歡擁抱、溫暖，和人接觸的。而 7 號精靈比較傾向於獨處，反省自我，追求內在世界與形而上的心靈滿足。這兩種不同特質的人，在生活步調上會有很大的差異。

另外，6 號精靈喜歡給予溫情關懷，7 號精靈則比較傾向特立獨行，喜歡耍酷，希望自己成為精神領導，這和喜歡擁抱別人的 6 號精靈相比，7 號精靈更喜歡擁抱自己，如果兩者要相處一起，一般是 6 號精靈主動伸出雙手，而且付出要更多些。

7 vs 7 速配指數

工作 75

愛情 60

金錢 75

7 號精靈 VS 7 號精靈：缺乏互動，缺少溝通

7 號精靈和 7 號精靈的相處不是很合適，數字 7 通常是屬於自我關照與內省的，比較冷淡有距離感。兩個 7 號精靈如果在一起，對於彼此之間的熱情互動會非常少；他們也會假想對方會有獨處的能力，會在內心世界保有自己的感覺，不太表達出來。如果兩人各自冷淡、保持自我空間的話，就很難建立起熱絡互動的關係。

如果兩個 7 號精靈已經相處了很長一段時間的話，那反而是很好的現象。當然，他們還是需要多一點點溫暖，才能在彼此之間多點火花。

7 vs 8 速配指數

工作 80

愛情 55

金錢 80

7 號精靈 VS 8 號精靈：罕見的珍稀搭配，取長補短以求和諧

7 號精靈和 8 號精靈的組合是非常少見的，基本上 7 號精靈是比較內省的，它的能量大部分放在心靈層次和意志上，8 號精靈的大部分能量則放在達成目標上，特別是在建立物質世界、生活權利的獲得方面。

如果兩者要維持很好的關係，必須要多多了解彼此的差異性，互相取長補短。當然，還要求雙方有很好的寬容性，才能讓人生態度截然不同的 7 號精靈和 8 號精靈和諧相處。

當 7 號精靈碰上 9 號精靈

7 vs 9 速配指數

工作 80

愛情 85

金錢 60

7 號精靈 VS 9 號精靈：很好的研究團隊

7 號精靈和 9 號精靈大部分情況下可以相安無事，7 號精靈希望獨處不受打擾，9 號精靈比較熱情，希望伸出臂膀去碰觸他人。雖然兩人對待生活的態度截然不同，但是 7 號人和 9 號人也存在一些共同性；他們對科學、研究等領域上，都有很大的天賦和潛能，可以在這個方面組成很好的 Team。

在表達能力上，9 號精靈強於 7 號精靈，通常 9 號精靈能夠引導 7 號精靈走出來，建立良好人際網絡。雙方要維持良好的關係，需要面對很多的挑戰。

你是 8 號精靈

每月 8 日、17 日、26 日出生的你

8 數是權威、堅定

野心、事業、物質、金錢、決斷、敏銳、魄力、忠貞、持續、堅定、誠懇、照料、內斂、沉默、挑戰、強烈、記仇、能量、悲觀、靈性、直覺、宿命。

洞察先機、商業頭腦、事業手腕、唯物主義、不擇手段、外冷內熱、堅持到底、濫用職權、心高氣傲、排除他議，作風強硬、不知滿足。

 ## 8 是什麼？

認識數字 8

8 的正面特質：忠貞、持續，權威、堅定、誠懇、照料。

8 的負面特質：唯物主義、無道德感、心高氣傲、排除他議。

★艾維斯普利斯萊（Elvis Presley）1935/01/08

美國風靡全世界的上世紀超級巨星「貓王」艾維斯・普里斯萊，這位傳奇人物引領了二十世紀中期的流行文化。他在 36 歲時，獲頒史上最年輕葛萊美終身成就獎得主。艾維斯在樂壇獲得極大的成功，他雖英年早逝，卻早已創造了他自己的王國。

他的舞臺魅力和熱力宣傳，將搖滾樂推進到流行音樂市場，並推向全世界，貓王也因此被稱為「搖滾樂之王」。他在臺上忘情扭動身軀的身影，在當時其風格與音樂都被認為是有違風俗的。他獨領風騷，如傳教士般瘋狂表演，所到之處幾乎萬人空巷，留下來的音樂遺產也影響了後期許多音樂人。

★羅傑費德勒（Roger Federer）1981/08/08

「網球之王」職業網球傳奇人物費德勒，縱橫網壇 20 多年，獲得 20 座大滿貫冠軍，2022 年終因運動傷害決定宣告退休。他帶給球迷們的不只是他精湛的球技，還有不放棄的人生啟示；16 歲便放棄學業，就為了讓自己在網球世界裡得到更高品質的鍛煉。他從一個瑞士小球童，站上網壇之巔的夢想實踐過程，鼓舞了許多追求夢想的人，一定要相信自己，努力追夢。

大家喜歡看他在球場上的多變化與高速打法，他自成一格的「費德勒網球」優雅帶給大家對網球更多的優美想像。費德勒的成功，除了他的優秀天賦之外，還有他絕不妥協與對網球一往情深的專注性格；有媒體曾用「費德勒打球猶如宗教體驗」形容他比賽時如何能吸引眾人目光的能量和禮讚。

★西恩潘（Sean Penn）1960/08/17

美國著名影星，熱衷政治與社會運動。他因《神祕河流》、《自由大道》獲封奧斯金像獎，亦獲金球獎以及歐洲三大影展多個獎項。

西恩潘總是話題不斷。他心高氣傲、脾氣暴躁，批評社會中不公不義的事情，他反戰也關心政治。8號人西恩潘特立獨行，也一直保有自己的政治良心；在美伊開戰前，親自到巴格達探視伊拉克小孩，自己出資在《華盛頓郵報》上登了半版的公開信「勸諫」小布希總統。2022年至烏克蘭拍攝烏蘇戰爭下人民逃難的紀錄片等，以行動貫徹他堅定的信仰理念。

8 號精靈的幸運地圖

幸運金屬：鉛

幸運色彩：所有深色系列，例如黑色、深紫色、藍黑色

幸運食物：草本植物、香料，天然香料

飲食叮嚀：大量食用蔬菜水果，每週至少兩天進行「無肉餐」。

幸運寶石：黑珍珠、黑鑽石

幸運數字：8

幸運衣著：8 號人的穿著一向非常正式，即使是一套簡單的運動服裝，穿在你身上都像是昂貴的名牌貨。當然，材質好、價格高的服飾用品，很容易引起你的興趣和目光。你在打扮穿著上，好像隨時都在準備要參加一個正式的社交活動似的。你的態度積極，又具有強烈的吸引力，有很好的口才，優質的穿著將更凸顯出另一種權威能量。

幸運時刻：每日當中，晚上是 8 號精靈表現最佳的時刻。

幸運日子：每月當中 3 日、12 日，21 日，30 日，所有相加起來為 3 的日子，就是 8 號精靈的幸運日。

（8 數能量振動較為強大混亂，因此幸運日以 3 數為參考。）

數字 8 的深度探索

了解你的 8 號性格

★ 8 號精靈～成就大業的最佳候選人

冷漠、孤僻，8 號人給人的第一印象很不容易親近的。雖然你的確自視甚高，但其實內心害羞的很，面無表情並不是驕傲，只是用來掩飾你內心的面具而已。

很奇妙的事，比起其他數字，戲劇性地遭遇總是會找上你，因此 8 號人更籠罩了一股神祕氣息，讓原本孤獨色彩更加鮮明。或許是習慣了孤軍奮戰的關係，你的判斷力和耐力也比其他數字來的好，只要你能

發掘自己的潛力，適當引導自己的企圖心，金錢、名聲都很容易向你聚集，很容易成功。

　　8 號精靈的名人：羅傑費德勒、貓王、希拉蕊柯林頓、勞勃迪尼諾、達斯丁霍夫曼、西恩潘、蘇菲瑪索、黛咪摩爾、王菲。

8 號精靈的魅力與愛情

★愛情模式～魔幻般的愛情魅力

　　要去形容 8 號戀人的魅力，12 星座中有個星座最貼切，那就是天蠍座，而天蠍座的代表數字恰恰就是 8。就占數的角度來說，8 這個數字天生就擁有強大的能量，擁有一種近似巫術一般足以蠱惑人的魅力。

　　我們說 8 號人可以用一隻小指頭駕馭他的戀人，而且對方還樂於被他指使。你的魅力無所不在，也無需特別去學習什麼招數，宛如天生的愛情操盤手。

　　8 號戀人最值得玩味的，就是在有如石頭般堅硬冷漠的外表之下，蘊藏了極度澎湃的情感。8 號人更將對象視為重要的親密伴侶，你的愛人會在你的悉心照料下，為你所珍愛，這讓對方簡直像手持一張通往戀人天堂的 VIP 車票般享受尊榮。

★愛情互動～彼此的獵物與珍寶

　　數字 8 極端的特質，在 8 號戀人身上充分可見。你們「不動則已，一動就要驚天動地」。掌握的權力關係，對 8 號人來說是很值得玩味的

遊戲；和戀人之間，8號人就相當熱衷於這樣的角力遊戲，尤其喜歡彼此受對方強烈的吸引，而成為彼此獵物的感覺。

也因如此，當對方能戰勝並跨進8號戀人的界限時，就能得到濃烈的愛意與全新的照料。8號人尤其是大方的戀人，很喜歡藉由禮物、好聽的話語來經營感情。8號戀人天生自認資質優秀、教養不凡，他們同時也在尋找一雙慧眼，能發掘他們這份潛藏的寶藏。因此，在8號人的眼裡，兩個看對眼的戀人，就像世上只剩對方懂得挖掘出自己的伯樂與黑馬關係，其他人都只在千里狀況外，可想而知兩人那份相知相惜的情緒會是何等激烈澎湃啊！

★愛情大忌～靈魂境地，絕對底線

一般來說，8號人的內在永遠不像所謂傻大哥、傻大姐那般粗枝大葉，但也絕非斤斤計較的類型。身為8號人的戀人對象，最重要的就是了解8號人心裡都有一塊特別深沉、嚴肅的地方，也不論8號戀人平時再怎麼活潑開朗，這個類似《聖地》般最接近靈魂的深處，也一定會嚴密守護，不得讓人越過雷池一步；否則，8號戀人心中存有的一切信任、形象底線，就會被摧毀，難以彌補。

其實，8號人相當樂於拜倒在自己戀人腳下，也甘於受控於戀人一般要求。但對於思考的空間、原始的尊嚴，這些最中心的「靈魂之地」，8號戀人會全部留給自己，同時也不容被侵犯。

❤ 熱情的一面只屬性伴侶獨享

8 是個「性能量」很強的數字，這是你天生的慾求，也是你天生的本領，更是你天生的魅力。再加上 8 是屬於傾向沉默，不外顯的數字，熱情在一貫的壓抑之下，等到終於可以表露之時，往往會更顯激烈澎湃。

你那熱情的一面，可說是專屬於戀人與性伴侶的驚喜。因為你的外表較為冷酷，也不愛多交談，人們常在第一眼就對你產生了誤解，認為你既不擅長也不熱衷於此道。8 號戀人的性魅力，雖可從外表略窺一二；但你在床第之間有多熱情多美妙，其實是很私密的，往往只有你的戀人或性伴侶能夠知道，這種獨占你的感覺，其實會令伴侶非常振奮！而你也很享受這種被伴侶獨占的滋味。

別忘了，數字 8 是一個極端的數字，8 號戀人很享受瞬間從零點飆升到沸點，宛如脫韁野馬般的刺激感。但是，擅長謀略的 8 號，從來不會表現得像是衝昏頭的毛頭孩子，「前戲」對 8 號的性品質是很重要的，因為「前戲」不僅能讓你充分掌握整個情境，更能讓一向嚴肅的 8 號人漸漸放鬆、自在地進入狀況。

性表現良好：星期一、星期日

性豐富期：2 月、3 月、5 月、7 月、8 月

性節制期：星期二、星期六，以及每年的 1 月、4 月、11 月

愛情罩門

❤太過嚴肅，壓力如影隨形

身為 8 號人的對象，雖然幸福，但也常常喘不過氣；8 號人會給情人滿滿的愛意，對情人的要求卻不會給予折扣。8 號戀人很獨立，需要的是心理的依賴，而不是實際的照顧。相對於 8 號本身的獨立，還有那全模式照顧他人的天性，8 號人想照顧更多更多的人，你也會希望戀人和自己一樣，都是獨立的個體，有能力照顧他人的人。

最大的致命傷是，8 號人想照顧的人太多，覺得自己對許多人都有責任，仿佛沒有時間放鬆，也從不允許自己享樂。當這樣的訊息傳達到伴侶身上時，往往會引起伴侶的一些猶豫，伴侶會問自己：「這是我想要的人生嗎？我就要這樣過下去嗎？」

❤愛的深，傷的重

我們從大自然中的生態得到啟示：「越鮮豔動人的顏色，就越危險。」這話在愛情世界裡也同等適用，尤其是在 8 號戀人的身上；越發濃烈的愛情，就像一階階上攀的高梯，若墜落下所承受的傷，也就越沉痛。

受天生性格能量的影響，8 號戀人通常愛得深、恨得也深。說真的，8 號人戀愛的對象必須能夠承受得起這種「重中之重」才行。你其實也最懂世事的殘酷，對情感最後就算能淡然處之，卻不見得會忘懷。你不會輕易付出，也沒有人能隨便占了你的便宜，拍拍屁股就閃人。越了解你的親密伴侶，就越知道惹不起你。對自己不夠有自信的伴侶，常會有一種如履薄冰的錯覺，過得戰戰兢兢的。

❤ 如何追求8號精靈？情人最好也是夥伴，目標一致最浪漫。

8號情人很喜歡被需要的感覺，不過他們很清楚自己真正要的是什麼，如果不是他們想要的，他們並不怎麼容易動情。

能打動8號人的對象，最好和8號戀人有一致的理念，他們尤其喜歡獨立堅強的對象。8號人覺得和伴侶一起奮鬥打拚，是最浪漫的事。

❤ 8號精靈會如何出招？他的愛意充滿狩獵的征服慾望，讓戀人臉紅心跳！

8號人很清楚自己的目標，一旦你成為他們心中默許的對象之後，他們投入的愛意可是非常強烈的，大多數的對象都難以招架如此深刻濃厚的情感。

但8號精靈並不喜歡公開表達愛意，尤其重視情感流向的隱私；因此，他們會在暗示方面多下功夫，只要能引起你的注意，就是戀情開始升溫的第一步。

8號精靈的工作

提到8號精靈的天賦時，當形容你「極度專注」，倒不如說你是「過度深沉」。8號精靈做起事的行動力和1號精靈頗為類似，你們都是屬於「說得少、做得多」的行動派，與其說的天花亂墜、逞口舌之快，還不如以實際成果一決勝負，來得乾脆。

這樣以身試法的特性，讓你頗具大將之風。你雖不易為人親近了解，但他人總認為你值得信賴。8號精靈擁有超凡的企圖心和決斷力，

你總是嘴上不說，私下卻決定非幹一場轟轟烈烈的事業不可。最重要的是，8 號精靈追求成就不在於贏得華麗掌聲，你只是為了證明自己有能力；你的目標清楚明確，同時也相當單純。因此，你也比其他精靈來的堅定持續，天生就擁有成就大事業的特質。

你擁有十足精準的商業鼻息，這份靈敏的直覺在思考、分析上極為占優勢，甚至在靈媒方面的學習與感應，也比一般數字來得吃香。千萬別以為外表看來淡定的 8 號人缺乏熱情，其實骨子裡的你既誠懇、又急需要愛，天生擁有照顧他人的強烈欲望。因此，8 號人若要在事業版圖上盡情馳騁，不妨好好開發這份天生的需求，它將成為一股威力十足的動力，不斷砥礪你達成目標。

適合的職業

8 號精靈適合成為：企業家、軍事家、政治家和大型企業的決策者。

你天生就是成就大業的料，你那卓越的組織力和商業解析洞察力，都特別需要可以發展的空間。對 8 號精靈而言，太小的舞臺只會讓自己日漸喪失鬥志，你特別適合自闢一片天地，或是視野寬闊、具有宏圖理想的事業。

8 號精靈是絕佳的決策型領導人，你不見得要風風光光的站在臺前，但你需要實際掌握權力，才能激勵你充分發揮天賦。

不要忽略你天生對愛與熱情的能量，8 號人的潛意識裡，傾向成為一個完全提供者與照顧者的角色，也期望建立屬於自己的家園。在你為大事大業奮鬥之時，總是需要最穩固的支柱，尤其是家人。

★貪婪不知界限

你太過了解金錢和權力的美妙滋味,「成功」之於你,並不像是個終點,反而只是一道開胃小菜,你的野心容易像個無底洞,一旦你嘗到甜頭,胃口就毫無節制大開,需要更多的金錢和權勢,怎麼也不知滿足,就算事情演變到不可收拾的地步,你也不見得會喊停學乖。

重要的是,你懶得對此避諱或收斂,追求物質的貪婪神色在你臉上一覽無遺,讓人對充滿心計的你畏懼三分,即使是你最親的人,遲早也會與你保持距離。

★不擇手段

可以說你對目標積極專注,也可以說你死咬著不放。8號精靈渴望成功,即使不擇手段也要達成目標。因此,濫用職權、欺負弱小、欺上瞞下……什麼勾當你都幹得出來,只要為了目的,你會拋棄所有的道德規範。

★沉默,不見得是美德

8號精靈在性格上比較早熟,對世間人事好壞都太過了解,這會讓你冷眼旁觀,沉默以對,失去掙扎的意願,即使在你遭受誤解時也不願抗辯。

長久下來，真正了解你的人少之又少，沒什麼人知道你的喜好。但不論你多不願表明心意、壓抑情緒，亦或只是想躲在角落圖個短暫清靜，卻怎麼也不能阻止旁人對你的多方解讀和揣測。

你是極易引起誤會和挑動風雨的人物，最好趁早學習一下溝通和面對人羣吧。

8 號精靈的金錢與祕訣

8 號人是最深切明白經濟獨立重要性的，你其實對金錢的概念異常清楚；不僅是金錢，所有實際、物質化的東西，你天生就擁有掌控的訣竅，除非你選擇不要。我們說 8 號人對世事抱持著早熟的態度，當然對金錢也是，你們愛好金錢，懂得奮力追求，但當守不住時，你也懂得瀟瀟灑灑的放手，也就是「認賠殺出」。因此，不論是財務上的得與失，8 號精靈會完全負起責任，立刻朝另一個目標前進，這是你相當值得被讚許的優點。

從你的 8 數天生能量來看，你想要獲得金錢，除了極度專注和努力工作的正財外，就別無他法，絕不能依靠偏財而得。你的意志力對你的成就和所得影響甚大。因此，你設立的目標是大是小，往往決定了你的成敗。8 號人絕對擁有達成目標的能力，看看 8 這個數字與金錢、權勢、影響力緊緊相扣，你天生就有成就大事大業的能量本錢。如果你因為後天的環境因素成為一個容易滿足的人，你能獲得的成果也就如同你的想法一樣有限，因為你尚未將自己的天賦發揮到極限。

8 號精靈在大富翁的排名大約是第七位，並不如其天生大將作風般突顯，原因在於數字 8 的成就相當極端；8 號人在事業版圖上出現不少

一代梟雄，也有不少無名小卒，成就不是極高就是極低。而比起其他數字，8 號的際遇甚少走入中庸之道。千萬記住，你下定決心的態度和目標，決定了你的成就價值。

Tips......

- 8 號人特別適合一派正經、專業的打扮。如果是洽公、面試時，穿著正式的服裝會幫助你取得競爭的優勢，也會幫你容易吸引金錢。
- 一年當中的 1 月、5 月、10 月，容易在財務方面獲得佳績。
- 與 2 月、6 月、8 月、9 月出生的人，有金錢關係時要特別小心，糾紛容易發生。

你所不知道的 8 號精靈小祕密

★ 8 號精靈是賭王之王！

8 號吐真言：「要賭當然就要賭大的，就算賭性命都可以！」

想見識一下電影中那種豪氣的賭法嗎？待在 8 號精靈身邊最有看頭。8 號精靈非常勇於大手筆的下賭，一旦決定了，甚至可以賭上性

命，其他的人絲毫不是對手。

8 號精靈做起事來，總是有明確的目標，即使是賭，他們也特別認真看待。再加上 8 號精靈不喜歡做小家子氣的事情，普通的小賭他們才不放在眼裡呢。只要有機會，他們一定進入 VIP ROOM，好好賭上一局。

8 號精靈就像是看透世事的先知，他們深知賭博的本質，知道賭博這回事就是有輸有贏，因此他們即使賭輸了，也一定認賠出場（下回再來）。8 號精靈在賭桌上沒什麼天生的運氣，他們往往都是靠自己精準的分析和踏實的賭技制勝，一旦讓 8 號精靈下定決心去做某件事，他們就會拚了命去做好。

其他的天生賭徒：

1 號精靈：我的最大嗜好就是當個贏家，只要能分出輸贏的事情，我都有興趣。

1 號精靈可不光是為了賭，他純粹是為了要享受勝利的滋味，因為在賭局中，他們不僅要贏，還要贏得夠水準、夠漂亮。

9 號精靈：逢賭必玩，就算沒得玩，也一定要插個花！

9 號精靈僅僅將賭視為一種遊戲，賭技其實不精湛，別以為逢賭必玩的他們有多愛賭，其實他們是為了「湊熱鬧」才參加的。

當 8 號精靈遇上其他數字精靈

8 vs 1 速配指數

工作 95

愛情 85

金錢 90

8 號精靈 VS 1 號精靈：目標一致的進攻搭檔

1 號精靈與 8 號精靈都對成功有極大的渴望，兩人若是目標一致的工作夥伴時，在權威、事業版圖的獲取上，善於規劃的 8 號精靈會對 1 號精靈有很大的幫助。為達到共同的目標，這兩者都是會暫時將所有心靈層次的追求丟到一邊，專心追求物質世俗的成功。因此，這也是所有組合中，最積極也最容易爬到高峰的搭配。但如果兩人是競爭關係時，就會有很大的挑戰。因為 1 與 8 所產生的能量非常極端，不是會帶來很大的成功，就是帶來極大的傷害。一旦意見相左時，8 號精靈會變得頑固不堪，對 1 號精靈來說相當棘手。

8 vs 2 速配指數

工作 75

愛情 75

金錢 70

8 號精靈 VS 2 號精靈：個性互補最佳拍檔

8 是振動率最強的一個數字，8 號精靈帶有一種相當強而有力的能量，這和 2 號精靈相比可以說是天壤之別，8 號精靈有很強的意志力，在很多方面表現的非常獨斷，但又不乏精準，並且在對現實社會事務的取得方面，有很強的企圖性。2 號精靈缺少的正是這種能力。

在正面關係上，由於 2 號精靈心甘情願做個跟隨者，8 號精靈若是能充分發揮自身的領導才能，他們之間很有可能會變成夫唱婦隨，或婦唱夫隨的關係。

8 vs 3 速配指數

工作 65

愛情 55

金錢 60

8 號精靈 VS 3 號精靈：互不相容型

基本上這兩種人在一起的關係還算是和諧的，但兩種人對生命意義的理解和傾向完全不同；數字 8 的震動偏向於對物質化掌握的能量，這對於一向比較貪玩，比較陽光，偏向輕鬆度日，不要有太多負擔的 3 號精靈，簡直是不可思議的。

從整體立場上考量，兩個人可以有短暫的工作合作，但長期的合作，兩人之間會形成一種互相折磨的互動。如果共同的目標設定不對，彼此都要忍受對方很多的事情，壓力很大。將這兩種人配在一起，必須要學習放鬆，隨時多溝通兩者對人生與生命的需求，更多的了解會得到更多的寬容。

當 8 號精靈碰上 4 號精靈

8 vs 4 速配指數

工作 90

愛情 95

金錢 90

8 號精靈 VS 4 號精靈：完美組合，共奏和諧樂章

4 號精靈與 8 號精靈是非常好的組合，數字 4 和 8 的能量都是傾向於務實的，兩者對於物質方面的追求和創造財富，都很有興趣，是典型的工作狂，在工作中會成為很好的合作夥伴。

相比較下，8 號精靈具有領導者的素質，擁有超強的力量和能量，

4 號精靈則會誠心的服從 8 號精靈的領導，兩者的搭配會奏出完美的樂章。

8 vs 5 速配指數

工作 80

愛情 70

金錢 85

8 號精靈 VS 5 號精靈：志不同道不合，但可蹦出光點

5 號精靈與 8 號精靈對生命基本的興趣有很大的差異性，只有小部分是相像的。5 號精靈希望在豐富的物質環境裡好好的去享受財富帶來的好處。但是 8 號精靈卻是希望在所謂的物質世界裡面，去追尋物質所產生的能量和權威感。

8 號精靈會努力的去累積財富，累積越多，他的成就感就越強。總的來講，8 號精靈可以說是物質世界的建構者，數字 8 是非常穩定、值得信賴的震動能量。5 數則是抓不住也非常不受控制的，與務實的 8 相比有很大的區別。

8 vs 6 速配指數

工作 90

愛情 85

金錢 90

8 號精靈 VS 6 號精靈：步調一致，共同追求美好的境界

6 號精靈和 8 號精靈大部分都能相處的非常和諧。他們彼此都很相信，人與人之間的關係是不需要非得靠在一起的；而靠近距離，也不代表關係才能夠維持得比較美滿。從正面的能量去考量，兩者在所謂的物質世界裡面，都會有很好的成績。

6 號精靈喜歡美好的事物，8 號精靈也要求優良的品質；而且 8 號精靈比較懂得如何去追求物質世界中的財富、權力感和權威感。6 號精靈在同樣的環境中，極力配合去支持 8 號精靈的追尋。他們在一起會有很好的物質生活和結果。

8 vs 7 速配指數

工作 80

愛情 55

金錢 80

8 號精靈 VS 7 號精靈：罕見的珍稀搭配，取長補短以求和諧

7 號精靈和 8 號精靈的組合是非常少見的，基本上 7 號精靈是比較內省的，它的能量大部分放在心靈層次和意志上，8 號精靈的大部分能量則放在達成目標上，特別是在建立物質世界、生活權利的獲得方面。

如果兩者要維持很好的關係，必須要多多了解彼此的差異性，互相取長補短。當然，還要求雙方有很好的寬容性，才能讓人生態度截然不同的 7 號精靈和 8 號精靈和諧相處。

當 8 號精靈碰上 8 號精靈

8 vs 8 速配指數

工作 85

愛情 80

金錢 95

8 號精靈 VS 8 號精靈：良好的協調關係；關注物質，忽略心靈

兩個 8 號人通常可以維持一個良好的協調關係。數字 8 意味著物質和務實，兩個 8 號人在一起，如果沒有競爭的話，的確可以有很好的夥伴關係。但如果兩個 8 號人是處於競爭的環境下，可能就會產生很大的爭執。

兩個 8 號精靈在一塊兒，通常會放很多的精力在物質和達成目標上，而忽略了心靈意識方面的追求。如果兩個 8 號精靈想要持續擁有良好的關係，應該多加強一下心靈方面的對話。

8 vs 9 速配指數

工作 75

愛情 65

金錢 75

8 號精靈 VS 9 號精靈：缺少焦點的組合

8 號精靈和 9 號精靈有截然不同的性格，通常數字 8 意味著物質、權勢與成就感；數字 9 從正面看，對於人性的關懷、給予會更重視。但是，負面的 9 數就會很自私小氣。不過，不管是正面還是負面，9 號精靈的需求都不是 8 號精靈所追求的。

9 號精靈可以帶給 8 號精靈的能量，無非就是在兩者之間找個切入點；例如，9 號精靈可以把他大方付出給大家的正面能量給予 8 號精靈，而 8 號精靈同樣可以帶給 9 號精靈財務和力量上的支持。

你是 9 號精靈

每月 9 日、18 日、27 日出生的你

9 數是分享，同理心

天真、人性、啟發、合群、活力、關懷、靈性、體貼、樂觀、親和、友善、幸運、直接、坦率、夢想、和諧、歡樂、乾脆、行動、童心、簡單、滿足。

環遊世界、關懷生態，心胸寬大，熱情積極，樂於助人，體諒包容，和藹可親，容易受誘、卑躬屈膝、毫無原則、善於批評、缺乏耐性。

 ## 9 是什麼？

認識數字 9

9 的正面特質：人性啟發、活力、可親、關懷、人性。

9 的負面特質：卑躬屈膝，毫無原則，善於批評，沒有耐性。

★史蒂芬史匹柏（Steven spielberg）1946/12/18

美國著名導演，以《ET》一片成名，作品題材千變萬化，卻皆具濃厚深遠的人道關懷。在史蒂芬史匹柏的眼中，不論種族、年齡大小，都應該是一視同仁的，甚至是外星人、機器人都不例外。這點從他早期成名的作品《ET》，以及後來的作品《AI》中就可以了解他對世界宇宙大愛的信仰和追求，典型完美的 9 號人性格特質完全在他身上發揮極致。

★約翰藍儂（John Lennon）1940/10/09

英國著名音樂創作者，也是被稱為「史上最偉大最具影響力的搖滾樂團」披頭四（THE BEATLES）的核心人物。約翰藍儂在 40 歲時被死忠的歌迷暗殺身亡，但他的創作與歌聲至今仍擄獲全球歌迷的心。他對世界和平的嚮往和積極反戰，運用創作傳達信念；18 歲時就寫下了〈IMAGINE〉傳世經典歌曲，表達對反對戰爭追求和平的理想。

藍儂不僅在音樂上激勵了大家的想像力，同時在藝術時尚和政治上都有明確的主張。蘋果電腦創始人賈伯斯公開表達他藍儂對他帶來人生的啟示，並激發他的創意。

★米老鼠（Mickey Mouse）1928/11/18

全球著名歷久不衰的經典卡通人物，也是 Disney World 迪士尼樂園頭號標誌性卡通明星。這個雖為虛擬的卡通人物，已經深化人心，活出自我了；他的陽光個性，人緣魅力超吸睛，而且身價不菲，是所有卡通人物中的大富翁第一名，光看到他那圓圓的大耳朵，還有圓圓的大眼睛，以及招牌的圓圓笑臉，那無人可擋的親和力帶給所有人歡樂和安撫力量啊！MickeyMouse 應該是最有資格當選「全球和平大使」的 9 號精靈吧！

9 號精靈的幸運地圖

幸運金屬：鐵

幸運色彩：所有深淺紅色系列，例如紅色、粉紅色

幸運食物：洋蔥和大蒜

飲食叮嚀：避免高熱量食物，克制酒精含量的吸取。

幸運寶石：紅寶石，雞血石

幸運數字：9

幸運衣著：請盡量避免穿著黑色的衣服。有趣的是，你偏偏很鍾愛這個色調的服飾。因為你的大方，朋友也一大堆。可別偷懶哦，做些護膚的功課，這會讓你比別人更容易保持青春和活力。永遠像 18 歲擁有獨特磁性的你，如果再加上得體的穿著，這耀眼光芒如何能不被看見呢？

幸運時刻：一天當中，黑夜是 9 號精靈表現最佳的時刻。

幸運日子：一個月當中，9 日、18 日、27 日，所有相加起來為 9 的

日子，就是 9 號精靈的幸運日。

 # 數字 9 的深度探索

★ 9 號精靈～奮戰不懈的歡樂鬥士

樂觀進取，9 號人總像有著明確的目標一樣，永遠保持蓬勃的生氣。把握每一刻時間，你對生命充滿了希望，來到你身邊的人都會受你樂天的態度感染，不知不覺中也跟著振奮了起來，你的心態和體魄。都很健康，你很堅持生命應該有的方向，要這樣的 9 號人不成功也難。不過有時你會顯得太激進了，雖然沒有什麼挫折可以真正打敗樂天的你，但在適當的時機學習放慢腳步，也是最重要的。

9 號精靈名人：史蒂芬史匹柏、周杰倫、周潤發、張惠妹、盧貝松、約翰藍儂、布萊德彼特，強尼戴普、梁朝偉、劉德華、米老鼠。

★愛情模式～愛的衝動又頑固

別看 9 號人一派自由的模樣，在戀愛的關係中，9 號戀人往往沒有外人想像的那麼放得開。9 號戀人其實在戀情關係中比較保守，也很在意他人的眼光，因此正式的關係或相符的背景，對 9 號戀人來說特別重

要。但是，只要那個人通過了 9 號戀人心裡的關卡，9 號戀人馬上就會給予對方近乎偏執的愛慕，甚至盡一切努力與對方結為連理。尤其是在戀情剛開始的時候，9 號戀人是屬於比較衝動的類型。

不過 9 號戀人也因為比較難控制情緒，所以常常會有一些難以預測的反抗心理或態度；而 9 號人也有很強的意志力，尤其特別看重愛情，不論周遭人再怎麼反對，或是會如何影響到你其他的關係，9 號戀人還是會不顧一切的選擇你的伴侶。

★愛情互動～只有付出才能贏得情人

付出對於 9 號人來說是相當快樂的事情，因為 9 號人在戀愛方面的特質就是不斷的付出，還有給予，同時也相當喜歡對方的回應，而被取悅的感覺。

光等著情人伺候的舉動，甚少出現在 9 號戀人身上，感覺上全世界對 9 號戀人來說，就是要將一切無止境的給予戀人。這樣的付出，常會有人覺得你太傻，但這對你而言，這無非是生命中很重要也很自然的一部分罷了。

當然，你對於同等值的回收與關愛，在內心深處也是非常在意的；而這樣的欲求也會對 9 號戀人，造成很大的不安和失落感。你希望心儀的對象或是伴侶，能夠非常感激你的付出，也希望他們能夠被你這樣的付出所打動。「付出」與「回應」正是 9 號人戀情最頭號的關鍵元素。

★愛情大忌～失去口碑，愛情不見

當情人失去與 9 號戀人匹配的條件時，就是 9 號戀人的愛情死去的

時候。

9 號戀人相當容易受旁人影響，很喜歡受大家矚目的東西；因此，9 號人的伴侶最好能夠具有亮眼的外表、熱情的性格，加上具有創意與才智，而對宗教、政治等若能懂得更多，也能夠具有較高的社經地位，這簡直是 9 號戀人的致命吸引力！

相對的，這樣的傾向矯枉過正就變成虛榮，而會帶有一些歧視的角色彩。因此，對於 9 號人來說，不管在物質或者精神、靈性、才華各方面都要能夠與你匹配，你才能夠認定對方。誰要想持續吸引 9 號戀人，最好懂得在各方面表現都保持一點身價，並避免自甘墮落，能讓 9 號戀人保持臉上有光，維持戀情的機會就很大。

 **性愛樂園**

♥傾向保守，按部就班的發展

9 號戀人的性態度也和戀情一樣傾向保守，因此多半按部就班發展。當 9 號人碰到一個對象時，首先所需要的是對方可以讓你歡笑，再者是心靈跟生活方面都能夠給你安全感或是抒解壓力，你的愛意就會慢慢滋生，接著你會需要伴侶主動的帶你回家去，以親密的身心靈接觸來取悅對方，發展更進一步的關係。

9 號戀人其實是很有自信、很有正面樂觀想法的，因此常常會在不同的場合進行暗暗的調情來吸引對方，也勇於嘗試不同的方式，不乏一些令對方感到很窩心或很可愛的舉動。而就統計數字來看，9 號戀人在性方面是所有數字戀人中最需要刺激，也最樂於去配合伴侶做不同的造

型、體位等等的嘗試。對自由派的 9 號戀人來說，自己就像個超級服務員，不管伴侶有怎樣的幻想或是要求，他們都可以馬上讓伴侶直達天堂；而對於保守派的 9 號人來說，若伴侶可以適當的要求或是導引，他們也能很快進入狀況，不需要擔心性事互動上無法夠滿足對方。

很有趣的是，對 9 號戀人而言，如果腦袋（心靈）上能夠契合，就代表你們之間的性生活是特別可以達到很美滿的高潮的。

性表現良好：星期一、星期日

性豐富期：2 月、3 月、5 月、7 月、8 月

性節制期：星期二、星期六，以及每年的 1 月、4 月、11 月

 愛情罩門

♥自怨自艾的受害者

情人之間的相處都會受到一些狀況的考驗，但 9 號人會因為過度誇張的奉獻情感和關懷，容易讓兩人的關係演變成戲劇性的情節，也令 9 號戀人在關係中容易扮演得不到合理回報的悲劇人物。正因 9 號天生的付出個性，同時會因這樣的形象而感到驕傲，仿佛自己是個情感豐富且高尚之人，容易在此陷入自我耽溺和自戀的傾向。

9 號人若自認是完全的犧牲奉獻角色，容易讓你的情人感覺自己是個施虐或是愛情中的暴君，這絕不是能夠維繫感情平衡的方法。你該學習利用技巧，教導你的對象或生活伴侶如何回報你，才能夠維持你們的健康平衡關係。

♥ 現實的勢利眼

9 號人對自己的伴侶有相當高標準的要求，你會希望自己的伴侶是相當專業傑出的，在人群當中最好有獨特突出的焦點。不過，有時你也會忘了秤秤自己的斤兩，讓人覺得你的要求有點勢利。

也因為高標準的要求，9 號人容易變得愛挑剔你的對象和伴侶，會希望他們多多努力學習，如同你一樣，對社會各個角度的觀察都能夠很感興趣。因此，有些 9 號人發現自己的伴侶不過只是他人眼中的泛泛之輩，或者是常聽到有關於伴侶被批評的負面言語，也很有可能心理受到影響而移情別戀去找新的對象。

 情人攻略祕法

♥ 如何追求 9 號精靈？你的魅力需要有目共睹和大眾同意！

要吸引 9 號人並不難，只要你夠搶眼，夠出風頭，9 號人就會自動把目光集中在你身上。

說穿了，9 號精靈很「注重品牌」，他們喜歡大家覺得好的東西。因此，如果你認為自己實在不具備太好的條件，那麼也要找出一兩項強勢的優點，並盡量讓所有的人知道。一旦你有不錯的評價，攻陷 9 號人機率也就增加許多！

♥ 9 號精靈會如何出招，如同孩子般真情流露，令你難以拒絕。

你會去傷害一隻可愛的小動物或是天真的孩子嗎？不會吧！這就是 9 號精靈的絕招，他們表現得如此天真率直，總是令你不忍傷害，也捨

不得看他們失望。

　　當 9 號精靈認真想要追求你時，你最好有一點心理準備，你連一點點的拒絕都會讓自己渾身充滿罪惡感，當他們越真實的向你表達愛意，尤其是越率直地表現出你帶給他們的快樂時，你大概根本無法對他說一個「不」字。

9 號精靈的工作

　　「樂觀進取」是大家對 9 號精靈的標準印象，9 號人的性格裡有一股樂天浪漫的特質，這份赤子般的純真很容易感染他人。9 號精靈往往會以身作則，誘發出他人性格裡那原始美好的一面。

　　不論在多險惡多複雜，或競爭多麼激烈的商業環境裡，也不論你葫蘆裡究竟想要賣什麼藥，9 號人永遠像是一股清流，在他眼裡，你像是綻放在高原上的清新花朵，沒什麼太多的心機或欲求。比起那些手段高明、頭腦清楚的人際高手，你比較像是真正靠心做事的人，而不是靠腦袋算計。你從不會咄咄逼人，也總是無私的付出與分享。這就是為什麼你總是容易結交朋友，甚至連最初敵對的對手也會向你示出好意。你天生的親和力就像和煦的陽光，那麼的自然又無人可抵擋。

　　無論你對自己的期許為何，其實你不需要太刻意表現出嚴苛的樣子，因為精明幹練的形象對你不見得有什麼好處，若你執意扭轉你天生的自然形象，反而容易漏洞百出，「吃虧就是佔便宜」的例子在你身上屢見不鮮，「大智若愚」這四個字將是你最極致的表現。

9 號精靈適合成為：教師、傳教士、醫生、科學家和從事公益的社會工作者。

如果從 9 號精靈身上抽去了歡樂和熱情，你會發現生命失去了意義。對 9 號精靈而言，「讓別人快樂」和「讓世界更美好」，無疑是生命的最大目標。9 號人的自我肯定，在實際的考量之外，也往往帶有很大的夢想色彩，唯有滿足 9 號精靈天性裡「關懷」的特點，才能夠讓 9 號精靈真正獲得成就感。

9 號精靈天生具有無人能及的親和力，讓你極為適合走向人群，服務社會。值得一提的是，9 號人的心包容力廣闊，你的溫暖和關懷不分國籍，這讓你對全球性的服務機構格外嚮往，也讓你特別容易足跡遍及世界。具有相同熱忱的夥伴，對你來說非常重要，你需要人性、人文刺激的環境，時時補充你心中的溫情。

★空有衝動，缺乏理性

若要說好聽的，就是說你常常用心體會，但另一層意思，就是你不常用大腦。你之所以讓人覺得真誠無私，正是你全心全意的緣故。但是你的直覺永遠都大過於你的理智，不論他人為你設定再完整的計劃，也比不上你隨性的變化。如果你可以全部承擔後果，這樣的性格倒無傷大雅，但是你很難不被難以預計的結果所傷害。你的心太純太真，世事不可能全如你想像，太隨性又不經計劃的後果就是很容易讓人失望啊。

★友善過頭的馬屁精

你的性格喜好太明顯，你不喜歡衝突與競爭，但是要投你所好也相當容易，因為給你一點甜頭，說你一點好話，你就天真的以為世界太平，對外解除原本就已經相當薄弱的防禦心。

你最不願承認的是，其實你相當喜歡阿諛奉承，因為對你來說，這至少是一種友善的假象，而非衝突的化身。對追求世界大同的你，這是一種玩不膩的遊戲，也最容易曝光的你的弱點。

★憤世嫉俗

可以說「世界大同」的理想是一種太容易染上的癮頭，相信世界太美好的你，其實難以接受現實的殘酷。當你發現世界其實並不如想像時，你可能立即卸下那天真燦爛的笑容換上另一張面孔。

嘗試去想像一下初次受騙上當的孩子，賭氣地躲在角落的樣子吧！以往友善的你，也會變得大肆批評，口無遮攔。悲觀負面一點的 9 號精靈，很有可能藉著酒精、藥物來麻醉自己，因為你想透過另一種耽溺戒掉原本的癮頭。

9 號精靈的金錢與祕訣

9 號精靈就像和煦的陽光，當自身的熱力越強，也就能吸引越多的正面能量。一般而言，9 號人的金錢運都操之在己。從統計數字來看，9 號精靈在大富翁排名是排在第三位，算是金錢運相當好的一族。

太陽是一種自行發光的獨立體系，身為 9 號的你必須了解這一點。在「施」與「受」之間，你比較偏向「施予」的角色。信心和活力是你能量的來源，你必須要自己建立正確的態度和欲望，金錢和好運自會向你靠攏，而非跟從他人的意見和方向。當你的熱力越強，越確信自己的目標時，你的財務狀況也就越容易走向巔峰。

切記一點，「笑臉迎人，財神自來」。忌諱對金錢斤斤計較，那只會讓你的嘴角向下彎。你天生有一副認真負責的好性格，只要不做虧心事，錢財會在你的戶頭裡自動生長。

Tips......

- 正面的能量，對你的財運特別有效。盡量保持良好的財務信用，當你的財務狀況良好的時候，特別容易累積更多金錢。
- 一年當中的 4 月、8 月、11 月、12 月都是金錢與工作上很好的時機
- 和出生在 5 月、7 月、10 月的人合夥或有財務上面的來往，要特別謹慎小心。

你所不知道的 9 號精靈小祕密

★ 9 號精靈是打頭陣第一名！

9 號吐真言：「我不見得表現最搶眼，但我像只柔順可愛的小兔子，所有人都會對我解除心防。」

9 號精靈的臨場表現，雖不是最出色，最搶眼，但後勁卻不容小覷，因為 9 號精靈的親和力，永遠都是最得人心的。

一般人面對 9 號精靈都沒有什麼戒心，因為 9 號精靈總是願意傾聽，也願意站在你的角度替你設想。即使是敵對的立場，9 號精靈也總是顯露彈性的空間。好玩的是，若派 9 號精靈打頭陣，對手甚至會另外找時間或私下與 9 號精靈聯繫，除了公事之外，往往還可得到其他的資源，累積下來的成果，最後的贏家往往都是 9 號精靈喔。

其他打頭陣好手：

3 號精靈，只要我一上場就能搶盡風頭，優勢當然掌握在我手裡。

3 號精靈是最會將場子炒熱的熱力天王，總是很快的讓略為尷尬的氣氛活絡起來，也很容易掌握主導權。

5 號精靈能言善道是我的天性，沒什麼我不能聊的。

5 號精靈天生擁有良好的表達能力，加上 5 號人那「萬事通」的背景，不論面對的對象是誰，都能輕鬆打開話匣子。很重要的一點是，5 號精靈觀察力極強，在相同的場合中，5 號精靈就是有辦法掌握到更多對手的細節，在情報上的收穫最為可觀。

當 9 號精靈遇上其他數字精靈

當 9 號精靈遇上 1 號精靈

9 vs 1 速配指數

工作 55

愛情 50

金錢 60

9 號精靈 VS 1 號精靈：性格南轅北轍，相處最具挑戰

1 號精靈與 9 號精靈很難達到一致和諧，主要是因為這兩個數字相差太多，不論是對自己的要求或是世界觀，1 號精靈對於自己的興趣往往超過一切，只關心自己。而 9 號精靈則是處處向外看，常扮演給予者的角色；這樣南轅北轍的差異，會對彼此關係造成很大的挑戰和困境。

當 9 號精靈面對 1 號精靈時，往往會覺得自己老是在付出與附和，久而久之讓 9 號精靈覺得非常疲倦，而露出自私的一面。而 1 號精靈雖然自我，卻最討厭自私的人，因此這樣的組合可能是所有數字組合中挑戰最大的一組了。

9 vs 2 速配指數

工作 75

愛情 85

金錢 80

9 號精靈 VS 2 號精靈：價值觀決定一切

2 號精靈和 9 號精靈，總的來講是和諧的，彼此間的互動關係也相當良好。在很正面積極的狀況下，他們都非常願意給予，也只有在這種相互不斷的付出和給予中，2 號精靈才能得到滿足感，才會覺得自己很傑出，自身的價值也完全體現了出來。

2 號精靈是希望能夠被需要的，而 9 是一個付出的數字。若在一個負面的關係下，9 號精靈也可能變得百分百的自私，他的角色也會從一個絕對付出者轉變成絕對的攫取者，這往往會傷害到 2 號精靈。因此，在價值觀上能否達成一致，就成了兩者在未來能否相處融洽的一個關鍵。

9 vs 3 速配指數

工作 90

愛情 85

金錢 65

9 號精靈 VS 3 號精靈：融會貫通型

這兩種人在一起大部分的時候都會非常和諧。3 號和 9 號都相當社群化的，想事情比較簡單、活潑，再加上兩個人都比較積極，也善於表達自己且外向，很容易與人相處，在關係互動上也比較融洽。

數字 3 跟數字 9 振動的能量，都傾向於和他人建立密切關係，喜歡黏在一起的數字，都願意扮演開心果的角色，給大家帶來快樂。因為兩種人性格與頻率相近，很容易走在一起，在一起工作的時候，也可能以很輕鬆的步調完成。但兩個人喜歡表現自我，說得多卻聽得少。如果兩人能夠互相學習聆聽對方，讓對方多說一點的話，日子會過得更開心、更如意。

當 9 號精靈碰上 4 號精靈

9 vs 4 速配指數

工作 75

愛情 80

金錢 70

9 號精靈 VS 4 號精靈：性格差異，求同存異

4 號精靈與 9 號精靈大部分時間還是和諧的，可是最基本的性格特質卻有很大的差異性。4 號精靈信奉次序感和邏輯性，始終相信沒有付出就沒有收獲，而 9 號精靈相信很多事情可以自然產生，萬事變化多

端；兩者相處時，喜歡多彩多姿生活的 9 號精靈，會覺得穩定務實的 4 號精靈限制了自己。

　　4 號精靈和 9 號精靈如果要在一起的話，必須先搞清楚目的是什麼。他們能否繼續走下去的關鍵，是看兩者在生命的旅程中，到底要共同完成什麼樣的事情和目標。

當 9 號精靈碰上 5 號精靈

9 vs 5 速配指數

工作 85

愛情 80

金錢 70

9 號精靈 VS 5 號精靈：天羨佳侶；不同特質的自由主義者

　　數字 5 和數字 9 代表的都是崇尚自由的號碼，兩種人在性格上都是追求自由自在，無拘無束的。大部分時間，5 號精靈和 9 號精靈的相處，是非常和諧的。

　　一旦他們產生了衝突，主要原因是，5 號精靈內在欲望是希望完全無法被掌控的心靈，而 9 號精靈雖然也追求自由，但仍希望在自由中享受一點依賴感。當雙方有矛盾時，9 號精靈會覺得 5 號精靈追求的自由太過於「自我」，9 號精靈希望能夠多參與公共事務幫助他人的特質，會常常與 5 號精靈想完全獨立自主的自由產生抗衡。如果兩者想要融洽的話，需要多理解彼此，對於生活價值跟生命存在的意義。

9 vs 6 速配指數

工作 85

愛情 90

金錢 80

9 號精靈 VS 6 號精靈：樂於分享，注重關愛

6 號精靈和 9 號精靈在性格上有相似之處；他們在一起可以分享生活上的樂趣，願意為彼此付出，承擔很多的責任，所以大部分時間 6 號精靈和 9 號精靈可以和諧相處。

6 號精靈通常偏重於把愛給予他的家庭，他的朋友，他所熟悉的人和環境；而同樣屬於給予數字的 9，則更加博愛。即使是不認識的人，也可以得到 9 號精靈的愛。所以，如果 6 號精靈與 9 號精靈有矛盾，問題可能就是出在這方面。但是總括來講，兩者的組合是和諧的。

9 vs 7 速配指數

工作 80

愛情 85

金錢 60

9 號精靈 VS 7 號精靈：很好的研究團隊

7 號精靈和 9 號精靈大部分情況下可以相安無事，7 號精靈希望獨處不受打擾，9 號精靈比較熱情，希望伸出臂膀去碰觸他人。雖然兩人對待生活的態度截然不同，但是 7 號人和 9 號人也存在一些共同性；他們對科學、研究等領域上，都有很大的天賦和潛能，可以在這個方面組成很好的 Team。

在表達能力上，9 號精靈強於 7 號精靈，通常 9 號精靈能夠引導 7 號精靈走出來，建立良好人際網絡。雙方要維持良好的關係，需要面對很多的挑戰。

當 9 號精靈碰上 8 號精靈

9 vs 8 速配指數

工作 75

愛情 65

金錢 75

9 號精靈 VS 8 號精靈：缺少焦點的組合

8 號精靈和 9 號精靈有截然不同的性格，通常數字 8 意味著物質、權勢與成就感；數字 9 從正面看，對於人性的關懷、給予會更重視。但是，負面的 9 數就會很自私小氣。不過，不管是正面還是負面，9 號精靈的需求都不是 8 號精靈所追求的。

9 號精靈可以帶給 8 號精靈的能量，無非就是在兩者之間找個切入

點；例如，9號精靈可以把他大方付出給大家的正面能量給予8號精靈，而8號精靈同樣可以帶給9號精靈財務和力量上的支持。

9 vs 9 速配指數

工作 90

愛情 95

金錢 85

9 號精靈 VS 9 號精靈：圓滿結合，同黨萬歲

兩個9號精靈碰到一塊兒，是一個非常好的組合。數字9從正面能量看是給予關懷的，有很強烈同情心的數字，兩個都富有同情心，對人性強烈關懷的正面力量碰撞在一起的時候，這對整個社會人際網絡都是有好處。

當然，我們必須避免負面的影響。兩個9號人在從事同樣的義務工作和貢獻時，在言語上、溝通上可以用自由的心靈去交換彼此的想法和生活態度，這有助於豐富他們在心靈上的滿足。

CHAPTER

3

「固定數」
與流年運勢

什麼是「固定數」？

「固定數」就像是我們在星座裡的「太陽星座」一樣重要，占據了我們人生命運至關重要的極大部分；它影響了我們的流年運勢變化，代表了我們主要的行為表現與特性，也顯現了一個人最能夠完善個人思維與人生價值的成功基礎。

即使每一個「宇宙年」都不同，每一年都會隨著時間與環境而有所變化，但是我們的基礎內核價值「固定數」卻是穩固我們在世界紛擾變遷下的內在特別力量。

固定數＝成就數＝生命基數

「固定數」也是我們的「生命基數」，它影響你我人生流年的變奏幅度與韻律速度基礎；它代表一個人的主要行為與意識基礎，無論每一年的外在環境如何變動，它擁有一致對外表達作為的成就態度，它也以穩固的氣質能量來調整我們面臨每一年變化的內在，所以「固定數」也是完成人生任務關鍵的「成就數」。

「固定數」對流年的影響

換句話說，如果你掌握了「固定數」在我們生命過程的影響力，了解其對於我們追求最高生命價值的意義，結合它完善生活與工作的精神

指標，就能達到我們人生的成功目標。

我們的靈數「流年運勢」，是來自個人「固定數」的影響，它不只有因應外在流年的變動，更深遠影響一個人的內在價值觀。

註：「固定數」影響個人「流年運勢」，以及個人「流月運勢」與「流日運勢」。

如何計算「固定數」？

固定數，是由每一個人的出生月份與出生日數相加而成，計算至個位數。

【固定數】＝ 出生月 ＋出生日

知道我們自己的「固定數」，那麼我們就可以計算出每一年的「個人流年」數字，並掌握每一個流年基本的因應之道了。

範例 1：莎士比亞的生日為 1564 年 04 月 23 日

月 4

日 23；2 ＋ 3 ＝ 5（計算至個位數）

那麼他的「固定數」＝ 月 ＋ 日 ＝ 4 ＋ 5 ＝ 9

範例 2：比爾蓋茲的生日為 1955 年 10 月 28 日

月 10；1 ＋ 0 ＝ 1（計算至個位數）

日 28；2 ＋ 8 ＝ 10；1 ＋ 0 ＝ 1（計算至個位數）

那麼他的「固定數」＝ 月 ＋ 日 ＝ 1 ＋ 1 ＝ 2

✦ 如何計算你的「個人流年數」？

每個人每一年所走到的流年不同，必須先確定當年「宇宙年」（比如，西元 2023 年，則宇宙年是 2 ＋ 0 ＋ 2 ＋ 3 ＝ 7），再加上個人出生的「固定數」（月＋日數），就可獲得答案。

▶ 占數速算祕訣

無論數組多長，須將數字個別相加，計算至最後個位數為止。

（如果是一長串數字，可直接將 0 與 9 直接刪掉）

例❶　1995；1 ＋ 9 ＋ 9 ＋ 5 ＝ 24；2 ＋ 4 ＝ 6

例❷　0938577003；3 ＋ 8 ＋ 5 ＋ 7 ＋ 7 ＋ 3 ＝ 33；3 ＋ 3 ＝ 6

(A) 固定數 ＝（出生月＋日數）

(B) 個人流年數 ＝ 宇宙年（當年西元數）＋ 固定數

範例1：周杰倫的生日為1979年1月18日，他2023年的流年數為何？

(A) 宇宙年2023年；2 ＋ 0 ＋ 2 ＋ 3 ＝ 7

(B) 固定數 1 ＋（1 ＋ 8）＝ 10；1 ＋ 0 ＝ 1（計算至個位數）

因此（A ＋ B）＝ 7 ＋ 1 ＝ 8

在2023年時，周杰倫的個人流年數是8。

（流年運勢是每9年一個循環。所以走到第9年，又再次從流年1開始。）

範例2：比爾蓋茲的生日為1955年10月28日，他2026年的流年數為何？

(A) 宇宙年2026年；2 ＋ 0 ＋ 2 ＋ 6 ＝ 10；1 ＋ 0 ＝ 1（計算至個位數）

(B) 固定數（1 ＋ 0）＋（2 ＋ 8）＝ 1 ＋ 1 ＝ 2（計算至個位數）

因此（A ＋ B）＝ 1 ＋ 2 ＝ 3

在2026年時，比爾蓋茲的個人流年數是3。

9個流年運勢基本通則

流年 ❶ 的你～全新開始，勇於嚐試任何改變

- 將過去的種種一筆勾銷，讓你有一個全新開始的一年。這一年是一個新鮮的、耳目一新的一年。

- 這一年，為了一個新的生命歷程，你必須得打磨一種全新的態度。

- 需要有勇氣去改變，你原有籌畫已久的等待要勇於改變。

- 這一年是行動年，需要有企圖心、行動力去著手改變，不要遲疑。
- 相信你自己，傾聽你自己內在的聲音，不要被任何人的意見或是流言影響。
- 清楚地檢視你自己要的是什麼，把你所需要的擬定成一個非常清楚的計劃去實施。要常常提醒自己，只要是你想要的，都能達成。
- 設定目標，不要只空談你的想法或是計劃，要實踐它。

流年 ❷ 的你～三思而後行，等待會帶來好的機運

- 要有耐心，這是一個等待的一年，你可能會覺得踏一步退兩步，但不用擔心。
- 你期待著有一個相聚合夥的機會。
- 善於利用溝通的技巧還有外交手段，與別人合作。
- 對其他人的感受或是想法要更為敏銳，但千萬不要過於個人情緒化。
- 大量閱讀與吸收你感到興趣的資料／文字／圖像。
- 各方面都要謹慎，盡量收集完整的參考資訊，三思而後行，不要倉促下決定。
- 避免讓自己停留在恐懼之中，要有勇氣去面對。
- 注意細節與流程，無論大小事這都是一個好的開始。

流年 ❸ 的你～豐收的一年，從「心」所願開花結果

- 這是一個豐收的一年，過去你花心思耕耘的今年都可以見到成果。
- 盡量運用語言／文字來表達你的想法。
- 參與社交活動或是生意上的應酬，也要享受家庭與朋友相處的樂趣。

- 這是很忙碌的一年，也是快速前進的一年，因此千萬不要分散注意力與精力。
- 善於應用你的想像力與創造力。
- 以豁達的態度去面對一切，不要勉強。
- 靜待好運勢與良性發展的來臨，是一個擴張以及好運氣的一年。

流年 ❹ 的你～記取過去的錯誤，培養未來的實力

- 對未來建立一個穩固的基礎，也要持續培養商業與工作的關係，私人方面的關係也要特別小心。
- 面臨合作的計畫，細節的分工要特別審慎考量，從實際面去考量。
- 集中精力，保持耐心，你所有的付出都會有回報的。
- 避免覺得枯燥無味，因此要隨時保持忙碌。
- 要有足夠充足的休閒生活與休息時間，讓狀態保持最佳。
- 不要過度擴張財務上的信用紀錄。
- 對過去犯的錯誤謹記在心。

流年 ❺ 的你～正向迎接改變，帶領你往新的領域

- 以正面的態度去迎接生命中會發生的任何改變。
- 更具有彈性，尋求不同的方式來改變先前單調枯燥的生活模式。
- 讓自己的腦子更開放，也讓所有新的契機能夠進入你的生命。
- 利用你的好奇心，帶領你到新的生活方向或是工作領域。
- 這是一個很適合旅行的年份，隨時準備好行李，帶著期待上路吧！
- 讓自己在極度的忙碌中享受樂趣。

- 重新整理自己，讓自己有階段性的動力可以做另外一個階段的前進。

流年 ❻ 的你～事事順利，做什麼都稱心如意的一年

- 愛是今年的主題。
- 責任增加時，要以平穩的態度去分擔。
- 當別人需要你的時候，你能夠很大方的協助他人，甚至可以創造和諧安樂的氣氛。
- 對所有錯的事情與決定，趕快做必要的調整。
- 美化你自己以及週遭的環境。
- 盡量公平公正，也要信守承諾。
- 當別人向你討教時，開放地提供你的建言，客觀公正。

流年 ❼ 的你～找回你內在的能量，享受身心靈重整

- 這是安息年，輕鬆自在地掌握生活步調。
- 仔細冷靜地分析你現在所處的環境，以及你未來想要走的方向。
- 這一年所有的機會都會自然展現，不需強求。
- 享受你身心靈上的重整與修復，調整能量，透過閱讀與休息來平復過去的創傷。
- 仔細地研究所有的質疑與問題，深刻研究其道理，要相信你的直覺與靈性。
- 集中你的精力，不要浪費在你不想做的事情上。

流年 ❽ 的你～適合衝刺，在工作上能不同凡響

- 金錢／權力／成功是這一年的主題。
- 好好利用你在事業上的點子，在生意上必可有不同凡響的獲利。
- 重新規劃你的財務。
- 善加利用每一分每一秒，有效率地組織指揮大家一起照顧細節的部分。
- 精力旺盛，對事情也要產生熱情。
- 在健康／飲食／運動方面要善加協調，讓體重維持在最佳狀態。
- 保持情緒的平穩。

流年 ❾ 的你～展開一場生命的旅程，重新定義視野

- 這個循環已經走到終點，也意味著下一個 9 年輪迴的開始。
- 審慎思考過去 9 年的一切，手上的計畫盡快結案，也將所有零散的資訊收尾。
- 把所有有用的東西善加保留下來，不要的東西也要捨得丟棄。
- 富有慈愛與關懷之心，大方地接受所有的事物，也要多關懷其他的人。
- 要有同理心，學習如何包容與原諒自己與別人，也要遺忘過去的不快。
- 利用旅行來擴展心胸與視野。
- 永遠記得生命像是一個回力球，付出多少就有多少回報。

CHAPTER

4

吸引力能量密碼

1 號人

每月出生於 1 日、10 日、19 日、28 日者

擁有獨立、積極、自我主張的領導性格

開運祕數

增強工作密碼：3、5、8 號人。多食用紫色食物（如葡萄、茄子等），與紫色系列用品。

增強財運密碼：幸運數字 1、9 與 3 的倍數。

增強桃花密碼：佩戴凡有玫瑰花形狀（薔薇亦可）的飾品用物。

增強能量密碼：粉紫色水晶石，可定神醒腦，安撫心靈。

心靈引導

學習如何放慢腳步，品嘗閒暇之美。雖說一分耕耘一分收穫，但偶爾的忙裡偷閒，反而明白了彈性與轉彎的學問。

成功抄典

以「1 數」為重心學習方向……

☆具有原創性，不跟風不抄襲，相信自己。

☆主動開始新的計劃，但非空想，要確定可落實。

☆自給自足。不要太依賴，做別人的好榜樣。

☆做自己精神上的領導者，告訴自己多麼富足。

☆具有強烈的企圖心，但以別人所需為主。

☆保持自己的目標，不管心裡有多麼慌亂。

☆堅持清楚的決斷力，但不要過於固執。

2 號人

每月出生於 2 日、11 日、20 日、29 日者

擁有敏感、欣喜、懂得成全他人的性格

開運祕數

增強工作密碼：2、6、9 號人。古典音樂，宗教相關閱讀。

增強財運密碼：幸運數字 2、6 或數字 4 的倍數。

增強桃花密碼：橙色系列為今年的幸運色。

增強能量密碼：旅行，以及音樂可以強化心靈感知。

心靈引導

　　沒有人比你更清楚自己的夢想，但夢想計劃需要追隨，否則像斷了線的風箏迷失在空中。現在開始用文字或聲音記錄下你的夢，等於開始進行夢想的建築！

以「2數」為重心，學習方向……

☆常常聯絡朋友，溝通情感，但不要忘了家人。

☆學習謙卑，同意接受別人的想法，而且要真的同意才算。

☆傾聽別人是最高深的手段，也是最美的溝通藝術啊！

☆作為一個跟隨者，但不是跟屁蟲。跟隨是一種合作的表達。

☆對於誤解要勇於釐清，別為自己的拖拉找借口，變為懦弱。

☆讓周遭的人感到舒服自在；別人自在了，你就輕鬆了。

☆隨時考量別人的感受，同理心比鑽石更珍貴稀世。

☆多增廣見聞，開放心胸，充實自己，但別沉迷。

☆不要情緒化，這是浪費時間，跟自己過不去。

3 號人

每月出生於 3 日、12 日、21 日、30 日者

擁有討好人群，開心樂觀的性格

增強工作密碼：3、7、8 號人。多攝取維他命 B、C。

增強財運密碼：幸運數字 1、5 或數字 3 的倍數。心形墜子。

增強桃花密碼：橘色系列內衣與飾品。甘菊茶與同味香精油。

增強能量密碼：黃水晶，可發揮能量。短暫旅遊，多靠有水的地方。

心靈引導

常有一種「一事無成」的感慨。但轉個念頭，又發現已經做了太多。就像美麗的愛情，是一種想望，而不是一種妄想。真的別想太多。

成功抄典

以「3 數」為重心學習方向……

☆盡量跟朋友、夥伴們進行溝通，善用社交活動，發揮你的強項。

☆表現你的觀感與想法，但不要過於堅持，偶爾退讓，收獲更大。

☆用正面樂觀的態度面對一切，告訴自己：「我手上有根指揮棒！」

☆多想想自己的優點與好處，但別忘了旁邊還有其他的人。

☆打電話或是寫信傳簡訊給你關心的人，既浪漫又實際。

☆別顧慮太多，那只會讓你失眠。

☆集中精力，放在喜歡的事情上，但不要誇大了它的好處。

☆活在當下。是的，活在當下，前一分後一秒都跟你沒關係。

☆讓內在與外在一致，要勇敢表達自己的情感，謊話沒有黑白之分。

4 號人

每月出生於 4 日、13 日、22 日、31 日者

擁有平穩保守、追求獨特的性格

增強工作密碼：1、7、8 號人。隨身口袋放一枚金色硬幣（可以金色箔紙包住）

增強財運密碼：幸運數字 2、4 與含有 7 的相關數。

增強桃花密碼：琥珀色礦石類飾品，多使用綠色系列物品，如盆栽。

增強能量密碼：每日靜坐冥想 30 分鐘，早晚各一次。

心靈引導

寂寞雖然撩人，但也是最難逃離的常態。有人拒絕寂寞，是因為他從來都沒真正寂寞過！它該來則來，根本無需等待。

成功抄典

以「4 數」為重心學習方向……

☆檢查預算，避免超支，好好善待零錢，它會「化零為整」回報你。

☆檢查你正在進行的事情，基礎是否打好？沒有基礎，難築樑架。

☆隨時檢查細節，立即更正錯誤。不顧老生常談，就會成為致命傷。

☆列表清單，檢查做事的進度。聰明的腦袋，不等於記憶力。

☆你缺乏的只剩下「耐心等待」，否則一切都太完美了。

☆一次完成一件事情，但偶爾把「好奇點子」先丟在一邊。

☆當所有事情結束，好好休息。不用擔心明天沒事做。

5 號人

每月出生於 5 日、14 日、23 日者
擁有喜好自由與追求新奇事物的性格

開運祕數

增強工作密碼：1、3、9 號人。多食黑色食物，芝麻，黑豆或黑米、木耳等。

增強財運密碼：含 3、5、9 相關數。

增強桃花密碼：藍色系列服飾品與貼身用物。

增強能量密碼：每隔一日，健走 40 到 45 分鐘。

心靈引導

「如何跳脫一成不變的生活模式呢？」你老問。

若想一路看風景，需要先放慢腳步才行。

以「5 數」為重心學習方向……

☆換一條新的路去走，別怕走錯，迷失才能歸正。

☆變化往常的行程，沒有什麼事非得怎麼做不可。

☆認識新的朋友，剛好為下一個聚會找到藉口。

☆走出去，在不同環境中獲得不同能量，這是維持年輕的祕訣。

☆多多鍛煉你的身體，隨時準備在需要展示自己的時候露一手。

☆來一段單獨旅行和小小的郊遊，重新認識不一樣的自己。

☆張開雙手歡迎新的機會，機會沒有雙臂膀，但喜歡被擁抱。

☆享受自由吧！世上最寶貴的時間，就是一個人做白日夢的時候。

6 號人

每月出生於 6 日、15 日，24 日者

擁有正義無私，關懷照料的性格

開運祕數

增強工作密碼：3、9 號人。一周一天完全素食餐飲，做體內環保。

增強財運密碼：幸運數字 2、8，和 5 的倍數。

增強桃花密碼：家中睡房的東北方，放有光物體或無色 LED 燈（終

年不斷）。

增強能量密碼：多接觸藝術鑑賞，音樂演奏等活動，神遊強化。

完美主義者和工作狂有什麼不同？他們在精神層次上，都有一種偏執和強迫症！

美，從來就只能體會，不是努力就可以掌握的。

以「6 數」為重心，學習方向……

☆表現你的關懷與溫暖，要慈愛而柔軟。

☆信守承諾，時間越久，你的價值越大。

☆平衡你的情緒，不是叫你壓抑，而是學習放輕鬆。

☆冰釋前嫌，把誤會解開，這樣可以立刻拿掉心中那塊石頭。

☆多想自己的優點與長處，以第三者的立場給自己讚美。

☆協助他人，也是獲得幫助的起點。

☆對你自己好一點，別對自己太苛刻。

☆做一個稱職的主人，否則我們如何管理好自己的心田王國！

7 號人

每月出生於 7 日，16 日，25 日者

擁有謹慎思慮，重視心靈的性格

開運祕數

增強工作密碼：7、8 號人。多以海鮮類食物為主，

增強財運密碼：幸運數字 2、8 與 4 相關的數字。

增強桃花密碼：以宗教相關圖騰做隨身物（如十字架或觀音像等）。

增強能量密碼：「不聽、不看、不語」每日七次，時間不限。

心靈引導

我有一位朋友，每回下棋輸了，都比贏棋的時候更興奮開心。

他說：「我又偷學到一招了！」老贏的人，恐怕都不知道自己一點一點的失去。

成功抄典

以「7 數」為重心學習方向……

☆好好享受自己的燭光，沒有人比你更想聽你內心的話。

☆享受大自然，它是最好的生命導師與生活軍師。

☆避免太多的憂慮，傷神又浪費時間。

☆仔細傾聽以及開口前多思考，這是最有力量的儀式。

☆讓自己的心情維持寧靜的狀態，連謊言都逃不過耳朵。

☆享受文字的閱讀樂趣，這是成就大事的基礎滋養。

☆機會將自然走向你，不需強求，但你必須先有所準備。

8 號人

每月出生於 8 日、17 日 26 日者

擁有內熱化形式，魄力和遠見的性格

開運祕數

增強工作密碼：2、3、8 號人。每日一杯蜂蜜茶。果菜汁，核桃類食物。

增強財運密碼：幸運數字，1、2、4 與 9 相關數。

增強桃花密碼：工作桌上置放多色彩花束。

增強能量密碼：每日固定伸展四肢，次數不限。水邊或公園散步。

心靈引導

為什麼要否認自己想成功的欲望呢？為什麼不敢承認自己的確很出色呢？

你可以對別人盡情大方讚美，但千萬別對自己小氣啊！

以「8 數」為重心學習方向……

☆維持你的戰鬥精神與熱情，成功總是缺那臨門一腳。

☆堅持你的工作日程，自律自愛是最高道德標準。

☆善加利用時間，良好的事先計劃可以「事半功倍」。

☆持續燃燒你的戰鬥力以及企圖心，不但減脂又強心。

☆完成現有的工作與計劃，因為明天還有新功課。

☆適度的飲食與運動，這不是新流行，而是最有用的經典。

☆控制你的情緒，維持平穩，內外平衡可以迎接大挑戰。

☆做一個很好的領導者，也要做一個關懷的照料。

9 號人

每月出生於 9 日、18 日、27 日者
擁有天真喜愛人群，無心機的性格

增強工作密碼：3、6、7 號人。多食用黃色，橘色與紅色食物。

增強財運密碼：幸運數 3、9 與 7 相關數。飼養紅頭金魚三尾。

增強桃花密碼：永保微笑。常默念：「我愛你」。

增強能量密碼：每月空出四日（次），主動為弱勢團體或社區做義工。

心靈引導

許多人總愛和人比較。據我所知，這些人從未真正仔細看過自己，他們大半生的注意力都花在別人身上。比較，多麼無趣又浪費時間哪。

成功抄典

以「9數」為重心學習方向……

☆要有同情心，善解人意，體諒他人。

☆把手上的計劃做個了結，做完一件少一件。

☆不要的東西就扔了吧，空間越多，越自由。

☆要大方，要寬容，也要善待自己，滿足內心所需。

☆任何事先考量別人，「利他」者是真正的富有者。

☆給予祝福，對家人、朋友或自己，不要掩藏心中的愛。

☆為家人或是伴侶做點事情，隨時為明天做充足的暖身準備。

CHAPTER

5

倪端占數
開運月曆
（通用版）

分手離婚

	流年1	流年2	流年3	流年4	流年5	流年6	流年7	流年8	流年9
1月	◎順月	★變動月	★變動月	●吉月	◎順月	◎順月	▼凶月	★變動月	▼凶月
2月	◎順月	★變動月	★變動月	◆大吉月	★變動月	◎順月	▼凶月	◎順月	▼凶月
3月	◎順月	★變動月	◎順月	●吉月	★變動月	◎順月	▼凶月	★變動月	▼凶月
4月	◎順月	◎順月	★變動月	●吉月	★變動月	●吉月	▼凶月	★變動月	▼凶月
5月	●吉月	★變動月	★變動月	●吉月	◎順月	◎順月	▼凶月	★變動月	▼凶月
6月	◎順月	★變動月	★變動月	◆大吉月	★變動月	◎順月	▼凶月	★變動月	▼凶月
7月	◎順月	★變動月	◎順月	●吉月	★變動月	◎順月	▼凶月	◎順月	▼凶月
8月	◎順月	◎順月	★變動月	●吉月	★變動月	◎順月	▼凶月	★變動月	▼凶月
9月	◎順月	★變動月	★變動月	●吉月	★變動月	●吉月	▼凶月	★變動月	▼凶月
10月	◎順月	★變動月	★變動月	●吉月	◎順月	◎順月	▼凶月	★變動月	◎順月
11月	◎順月	★變動月	★變動月	◆大吉月	★變動月	◎順月	▼凶月	◎順月	◎順月
12月	◎順月	★變動月	◎順月	●吉月	★變動月	◎順月	▼凶月	★變動月	◎順月

◆大吉月～萬事皆捷、好運難擋　●吉　月～掌握先機、雙喜臨門
◎順　月～順心隨喜、平安是福　★變動月～大事不定、進退有分
▼凶　月～如履薄冰、凡事三思　**大凶月～** 諸事不宜、小心謹慎

訂親結婚

	流年 1	流年 2	流年 3	流年 4	流年 5	流年 6	流年 7	流年 8	流年 9
1 月	◎順月	★變動月	★變動月	●吉月	◎順月	◎順月	▼凶月	★變動月	▼凶月
2 月	◎順月	★變動月	★變動月	◆大吉月	★變動月	◎順月	▼凶月	◎順月	▼凶月
3 月	◎順月	★變動月	◎順月	●吉月	★變動月	◎順月	▼凶月	★變動月	▼凶月
4 月	◎順月	◎順月	★變動月	●吉月	★變動月	●吉月	▼凶月	★變動月	▼凶月
5 月	◎順月	★變動月	★變動月	●吉月	◎順月	◎順月	▼凶月	★變動月	▼凶月
6 月	◎順月	★變動月	★變動月	◆大吉月	★變動月	◎順月	▼凶月	★變動月	▼凶月
7 月	◎順月	★變動月	◎順月	●吉月	★變動月	◎順月	▼凶月	◎順月	▼凶月
8 月	◎順月	◎順月	★變動月	●吉月	★變動月	◎順月	▼凶月	★變動月	▼凶月
9 月	◎順月	★變動月	★變動月	●吉月	★變動月	●吉月	▼凶月	★變動月	▼凶月
10 月	◎順月	★變動月	★變動月	●吉月	◎順月	◎順月	▼凶月	★變動月	◎順月
11 月	◎順月	★變動月	★變動月	◆大吉月	★變動月	◎順月	▼凶月	◎順月	◎順月
12 月	◎順月	★變動月	◎順月	●吉月	★變動月	◎順月	▼凶月	★變動月	◎順月

◆大吉月～萬事皆捷、好運難擋　　●吉　月～掌握先機、雙喜臨門
◎順　月～順心隨喜、平安是福　　★變動月～大事不定、進退有分
▼凶　月～如履薄冰、凡事三思　　**大凶月**～ 諸事不宜、小心謹慎

誤解紛爭

	流年1	流年2	流年3	流年4	流年5	流年6	流年7	流年8	流年9
1月	★變動月	★變動月	◎順月	◎順月	◎順月	★變動月	★變動月	◎順月	★變動月
2月	★變動月	◎順月	◎順月	◎順月	●吉月	★變動月	▼凶月	★變動月	★變動月
3月	◎順月	◎順月	◎順月	●吉月	●吉月	▼凶月	★變動月	★變動月	★變動月
4月	◎順月	◎順月	◎順月	●吉月	◎順月	★變動月	★變動月	★變動月	▼凶月
5月	◎順月	◎順月	★變動月	◎順月	●吉月	★變動月	★變動月	◎順月	▼凶月
6月	◎順月	★變動月	◎順月	●吉月	●吉月	★變動月	▼凶月	◎順月	▼凶月
7月	★變動月	◎順月	★變動月	●吉月	●吉月	▼凶月	▼凶月	◎順月	★變動月
8月	◎順月	★變動月	★變動月	●吉月	◎順月	▼凶月	▼凶月	◎順月	★變動月
9月	★變動月	★變動月	★變動月	◎順月	◎順月	▼凶月	★變動月	★變動月	▼凶月
10月	★變動月	★變動月	◎順月	◎順月	◎順月	★變動月	★變動月	◎順月	★變動月
11月	★變動月	◎順月	◎順月	◎順月	●吉月	★變動月	▼凶月	★變動月	★變動月
12月	◎順月	◎順月	◎順月	●吉月	●吉月	▼凶月	★變動月	★變動月	★變動月

◆大吉月～萬事皆捷、好運難擋　●吉　月～掌握先機、雙喜臨門
◎順　月～順心隨喜、平安是福　★變動月～大事不定、進退有分
▼凶　月～如履薄冰、凡事三思　**大凶月**～諸事不宜、小心謹慎

關心家人

	流年 1	流年 2	流年 3	流年 4	流年 5	流年 6	流年 7	流年 8	流年 9
1 月	◎順月	●吉月	★變動月	◎順月	◎順月	●吉月	◎順月	◎順月	◎順月
2 月	◎順月	◆大吉月	◎順月	◆大吉月	●吉月	●吉月	◎順月	◎順月	◎順月
3 月	★變動月	●吉月	★變動月	◎順月	●吉月	●吉月	◎順月	◎順月	◎順月
4 月	◎順月	◆大吉月	◎順月	◎順月	●吉月	●吉月	◎順月	◎順月	●吉月
5 月	★變動月	●吉月	◎順月	◎順月	●吉月	●吉月	◎順月	●吉月	◎順月
6 月	◎順月	●吉月	◎順月	◎順月	●吉月	●吉月	◎順月	◎順月	●吉月
7 月	◎順月	●吉月	◎順月	◎順月	●吉月	●吉月	◎順月	◎順月	◎順月
8 月	◎順月	●吉月	◎順月	◎順月	●吉月	●吉月	●吉月	◎順月	◎順月
9 月	◎順月	●吉月	◎順月	◎順月	●吉月	●吉月	◎順月	◎順月	◎順月
10 月	◎順月	●吉月	★變動月	◎順月	◎順月	●吉月	◎順月	◎順月	◎順月
11 月	◎順月	◆大吉月	◎順月	◆大吉月	●吉月	●吉月	◎順月	◎順月	◎順月
12 月	★變動月	●吉月	★變動月	◎順月	●吉月	●吉月	◎順月	◎順月	◎順月

◆大吉月～萬事皆捷、好運難擋　　●吉　月～掌握先機、雙喜臨門
◎順　月～順心隨喜、平安是福　　★變動月～大事不定、進退有分
▼凶　月～如履薄冰、凡事三思　　**大凶月**～諸事不宜、小心謹慎

豔遇相親

	流年 1	流年 2	流年 3	流年 4	流年 5	流年 6	流年 7	流年 8	流年 9
1月	◎順月	◎順月	◎順月	★變動月	◎順月	◎順月	◎順月	★變動月	★變動月
2月	◎順月	◎順月	◆大吉月	★變動月	◎順月	◎順月	◎順月	★變動月	★變動月
3月	◎順月	◎順月	◎順月	★變動月	◎順月	◎順月	●吉月	★變動月	★變動月
4月	◎順月	◎順月	◎順月	★變動月	◎順月	●吉月	●吉月	★變動月	★變動月
5月	◎順月	◎順月	◎順月	★變動月	●吉月	●吉月	●吉月	★變動月	★變動月
6月	◎順月	◎順月	◎順月	★變動月	●吉月	●吉月	◎順月	★變動月	★變動月
7月	◎順月	◎順月	●吉月	★變動月	●吉月	◎順月	◆大吉月	★變動月	★變動月
8月	◎順月	◎順月	●吉月	★變動月	◎順月	◆大吉月	◎順月	★變動月	★變動月
9月	◎順月	◎順月	●吉月	◆大吉月	◆大吉月	◎順月	◎順月	★變動月	★變動月
10月	◎順月	◎順月	◎順月	★變動月	◎順月	◎順月	◎順月	★變動月	★變動月
11月	◎順月	◆大吉月	★變動月	★變動月	◎順月	◎順月	◎順月	★變動月	★變動月
12月	◎順月	◎順月	◎順月	★變動月	◎順月	◎順月	●吉月	★變動月	★變動月

◆大吉月～萬事皆捷、好運難擋　　●吉　月～掌握先機、雙喜臨門
◎順　月～順心隨喜、平安是福　　★變動月～大事不定、進退有分
▼凶　月～如履薄冰、凡事三思　　**大凶月**～ 諸事不宜、小心謹慎

公開表現

	流年 1	流年 2	流年 3	流年 4	流年 5	流年 6	流年 7	流年 8	流年 9
1 月	★變動月	◎順月	◎順月	◎順月	◎順月	★變動月	★變動月	◎順月	●吉月
2 月	◎順月	★變動月	●吉月	★變動月	◎順月	★變動月	◎順月	★變動月	●吉月
3 月	★變動月	◎順月	◎順月	★變動月	◎順月	◎順月	★變動月	★變動月	◆大吉月
4 月	◎順月	★變動月	◎順月	★變動月	●吉月	★變動月	★變動月	◎順月	●吉月
5 月	★變動月	★變動月	◎順月	◎順月	◎順月	★變動月	◎順月	★變動月	◆大吉月
6 月	★變動月	★變動月	●吉月	★變動月	◎順月	◎順月	★變動月	◎順月	●吉月
7 月	★變動月	◎順月	◎順月	★變動月	●吉月	★變動月	◎順月	★變動月	●吉月
8 月	◎順月	★變動月	◎順月	◎順月	◎順月	◎順月	★變動月	★變動月	●吉月
9 月	★變動月	★變動月	●吉月	★變動月	●吉月	★變動月	★變動月	★變動月	◆大吉月
10 月	★變動月	◎順月	◎順月	◎順月	◎順月	★變動月	★變動月	◎順月	●吉月
11 月	◎順月	★變動月	●吉月	★變動月	◎順月	★變動月	◎順月	★變動月	●吉月
12 月	★變動月	◎順月	◎順月	★變動月	◎順月	★變動月	★變動月	★變動月	◆大吉月

◆大吉月～萬事皆捷、好運難擋　●吉　月～掌握先機、雙喜臨門
◎順　月～順心隨喜、平安是福　★變動月～大事不定、進退有分
▼凶　月～如履薄冰、凡事三思　**大凶月**～諸事不宜、小心謹慎

升遷加薪

	流年 1	流年 2	流年 3	流年 4	流年 5	流年 6	流年 7	流年 8	流年 9
1 月	◎順月	◎順月	●吉月	◆大吉月	●吉月	●吉月	◆大吉月	●吉月	◎順月
2 月	◎順月	◎順月	◆大吉月	◎順月	●吉月	◆大吉月	◎順月	◎順月	●吉月
3 月	◎順月	◎順月	◎順月	◎順月	◆大吉月	◎順月	●吉月	●吉月	◎順月
4 月	●吉月	◎順月	◎順月	◆大吉月	◎順月	●吉月	◎順月	◎順月	◎順月
5 月	●吉月	◎順月	◆大吉月	◎順月	●吉月	◎順月	◎順月	◎順月	◎順月
6 月	●吉月	◆大吉月	◎順月	◎順月	◎順月	◎順月	◎順月	◎順月	◎順月
7 月	◆大吉月	●吉月	◎順月	◎順月	◎順月	◎順月	●吉月	◎順月	◎順月
8 月	◎順月	◎順月	◎順月	●吉月	◎順月	●吉月	●吉月	◎順月	◆大吉月
9 月	●吉月	●吉月	●吉月	●吉月	●吉月	●吉月	●吉月	◆大吉月	●吉月
10 月	◎順月	◎順月	●吉月	◆大吉月	●吉月	●吉月	◆大吉月	●吉月	◎順月
11 月	◎順月	◎順月	◆大吉月	◎順月	●吉月	◆大吉月	◎順月	◎順月	●吉月
12 月	◎順月	◎順月	◎順月	◎順月	◆大吉月	◎順月	●吉月	●吉月	◎順月

◆ 大吉月～萬事皆捷、好運難擋　　● 吉　月～掌握先機、雙喜臨門
◎ 順　月～順心隨喜、平安是福　　★ 變動月～大事不定、進退有分
▼ 凶　月～如履薄冰、凡事三思　　**大凶月**～ 諸事不宜、小心謹慎

展開新工作

	流年 1	流年 2	流年 3	流年 4	流年 5	流年 6	流年 7	流年 8	流年 9
1月	◎順月	◎順月	◎順月	◎順月	●吉月	★變動月	◆大吉月	★變動月	◆大吉月
2月	◎順月	◎順月	◎順月	●吉月	★變動月	◆大吉月	★變動月	◆大吉月	◎順月
3月	◎順月	◎順月	●吉月	★變動月	◆大吉月	★變動月	◆大吉月	◎順月	◎順月
4月	◎順月	●吉月	★變動月	◆大吉月	★變動月	◆大吉月	◎順月	◎順月	◎順月
5月	●吉月	★變動月	◆大吉月	★變動月	◆大吉月	◎順月	◎順月	◎順月	◎順月
6月	★變動月	◆大吉月	★變動月	◆大吉月	◎順月	◎順月	◎順月	◎順月	●吉月
7月	◆大吉月	★變動月	◆大吉月	◎順月	◎順月	◎順月	◎順月	●吉月	★變動月
8月	★變動月	◆大吉月	◎順月	◎順月	◎順月	◎順月	●吉月	★變動月	◆大吉月
9月	◆大吉月	◎順月	◎順月	◎順月	◎順月	●吉月	★變動月	◆大吉月	★變動月
10月	◎順月	◎順月	◎順月	◎順月	●吉月	★變動月	◆大吉月	★變動月	◆大吉月
11月	◎順月	◎順月	◎順月	◎順月	★變動月	◆大吉月	★變動月	◆大吉月	◎順月
12月	◎順月	◎順月	●吉月	★變動月	◆大吉月	★變動月	◆大吉月	◎順月	◎順月

◆大吉月～萬事皆捷、好運難擋　　●吉　月～掌握先機、雙喜臨門
◎順　月～順心隨喜、平安是福　　★變動月～大事不定、進退有分
▼凶　月～如履薄冰、凡事三思　　**大凶月**～諸事不宜、小心謹慎

推銷面試

	流年 1	流年 2	流年 3	流年 4	流年 5	流年 6	流年 7	流年 8	流年 9
1 月	◎順月	◎順月	◎順月	★變動月	◎順月	★變動月	◆大吉月	●吉月	◎順月
2 月	●吉月	◎順月	●吉月	★變動月	◎順月	◆大吉月	◎順月	●吉月	◎順月
3 月	◎順月	◎順月	◎順月	★變動月	◆大吉月	★變動月	◎順月	●吉月	◎順月
4 月	●吉月	◎順月	◎順月	◆大吉月	◎順月	★變動月	◎順月	●吉月	◎順月
5 月	◎順月	◎順月	◆大吉月	★變動月	●吉月	★變動月	◎順月	●吉月	◎順月
6 月	◎順月	◆大吉月	◎順月	★變動月	◎順月	★變動月	◎順月	●吉月	◎順月
7 月	◆大吉月	◎順月	●吉月	★變動月	●吉月	★變動月	◎順月	●吉月	◎順月
8 月	◎順月	◎順月	◎順月	★變動月	◎順月	★變動月	◎順月	●吉月	◆大吉月
9 月	●吉月	◎順月	●吉月	★變動月	●吉月	★變動月	◎順月	◆大吉月	◎順月
10 月	◎順月	◎順月	◎順月	★變動月	◎順月	★變動月	◆大吉月	●吉月	◎順月
11 月	●吉月	◎順月	●吉月	★變動月	◎順月	◆大吉月	◎順月	●吉月	◎順月
12 月	◎順月	◎順月	◎順月	★變動月	◆大吉月	★變動月	◎順月	●吉月	◎順月

◆ 大吉月～萬事皆捷、好運難擋　　● 吉　月～掌握先機、雙喜臨門
◎ 順　月～順心隨喜、平安是福　　★ 變動月～大事不定、進退有分
▼ 凶　月～如履薄冰、凡事三思　　**大凶月**～ 諸事不宜、小心謹慎

創業開工

	流年 1	流年 2	流年 3	流年 4	流年 5	流年 6	流年 7	流年 8	流年 9
1 月	●吉月	◎順月	●吉月	◆大吉月	**大凶月**	★變動月	**大凶月**	◆大吉月	◎順月
2 月	●吉月	◎順月	◆大吉月	**大凶月**	◎順月	**大凶月**	◆大吉月	★變動月	◎順月
3 月	●吉月	◆大吉月	**大凶月**	◎順月	**大凶月**	◆大吉月	◎順月	★變動月	◎順月
4 月	◆大吉月	**大凶月**	●吉月	**大凶月**	◆大吉月	★變動月	◎順月	★變動月	◎順月
5 月	**大凶月**	◎順月	**大凶月**	◆大吉月	◎順月	★變動月	◎順月	★變動月	◆大吉月
6 月	●吉月	**大凶月**	◆大吉月	◎順月	◎順月	★變動月	◎順月	◆大吉月	**大凶月**
7 月	**大凶月**	◆大吉月	●吉月	◎順月	◎順月	★變動月	◆大吉月	**大凶月**	◎順月
8 月	◆大吉月	◎順月	●吉月	◎順月	◎順月	◆大吉月	**大凶月**	★變動月	**大凶月**
9 月	●吉月	◎順月	●吉月	◎順月	◆大吉月	**大凶月**	◎順月	**大凶月**	◆大吉月
10 月	●吉月	◎順月	●吉月	◆大吉月	**大凶月**	★變動月	**大凶月**	◆大吉月	◎順月
11 月	●吉月	◎順月	◆大吉月	**大凶月**	◎順月	**大凶月**	◆大吉月	★變動月	◎順月
12 月	●吉月	◆大吉月	**大凶月**	◎順月	**大凶月**	◆大吉月	◎順月	★變動月	◎順月

◆ 大吉月～萬事皆捷、好運難擋　●吉　月～掌握先機、雙喜臨門
◎ 順　月～順心隨喜、平安是福　★變動月～大事不定、進退有分
▼ 凶　月～如履薄冰、凡事三思　**大凶月**～諸事不宜、小心謹慎

與上司談判

	流年1	流年2	流年3	流年4	流年5	流年6	流年7	流年8	流年9
1月	●吉月	●吉月	●吉月	◎順月	◎順月	◎順月	◆大吉月	●吉月	◆大吉月
2月	◎順月	◎順月	●吉月	◎順月	◎順月	◆大吉月	◎順月	◆大吉月	◎順月
3月	●吉月	◎順月	●吉月	◎順月	◆大吉月	◎順月	◆大吉月	●吉月	●吉月
4月	●吉月	◎順月	●吉月	◆大吉月	◎順月	◆大吉月	◎順月	◎順月	◎順月
5月	●吉月	◎順月	◆大吉月	◎順月	◆大吉月	◎順月	●吉月	●吉月	◎順月
6月	●吉月	◆大吉月	●吉月	◆大吉月	◎順月	●吉月	◎順月	●吉月	◎順月
7月	◆大吉月	◎順月	◆大吉月	◎順月	●吉月	◎順月	◎順月	●吉月	◎順月
8月	●吉月	◆大吉月	●吉月	◆大吉月	◎順月	◎順月	◎順月	●吉月	◆大吉月
9月	◆大吉月	◎順月	◎順月	◎順月	◎順月	◎順月	◎順月	◆大吉月	◎順月
10月	●吉月	●吉月	●吉月	◎順月	◎順月	◎順月	◆大吉月	●吉月	◆大吉月
11月	●吉月	◎順月	●吉月	◎順月	◎順月	◆大吉月	◎順月	◆大吉月	◎順月
12月	◎順月	◎順月	●吉月	◎順月	◆大吉月	◎順月	◆大吉月	●吉月	●吉月

◆ 大吉月～萬事皆捷、好運難擋　　● 吉　月～掌握先機、雙喜臨門
◎ 順　月～順心隨喜、平安是福　　★ 變動月～大事不定、進退有分
▼ 凶　月～如履薄冰、凡事三思　　**大凶月**～ 諸事不宜、小心謹慎

房屋買賣

	流年1	流年2	流年3	流年4	流年5	流年6	流年7	流年8	流年9
1月	★變動月	★變動月	★變動月	★變動月	◎順月	◎順月	◎順月	◎順月	★變動月
2月	★變動月	★變動月	★變動月	◎順月	★變動月	◆大吉月	★變動月	◎順月	★變動月
3月	★變動月	★變動月	◎順月	★變動月	◎順月	◎順月	◎順月	◎順月	★變動月
4月	★變動月	◎順月	★變動月	◎順月	★變動月	◆大吉月	★變動月	◎順月	★變動月
5月	◎順月	★變動月	◎順月	★變動月	◎順月	◎順月	★變動月	◎順月	★變動月
6月	★變動月	◎順月	★變動月	◎順月	★變動月	◎順月	★變動月	◎順月	◎順月
7月	◎順月	★變動月	◎順月	★變動月	★變動月	◎順月	★變動月	◆大吉月	★變動月
8月	★變動月	◎順月	★變動月	★變動月	★變動月	◎順月	◎順月	◎順月	◎順月
9月	★變動月	★變動月	★變動月	★變動月	★變動月	◎順月	★變動月	◆大吉月	★變動月
10月	★變動月	★變動月	★變動月	★變動月	◎順月	◎順月	◎順月	◎順月	★變動月
11月	★變動月	★變動月	★變動月	◎順月	★變動月	◆大吉月	★變動月	◎順月	★變動月
12月	★變動月	★變動月	◎順月	★變動月	◎順月	◎順月	◎順月	◎順月	★變動月

◆大吉月～萬事皆捷、好運難擋　　●吉　月～掌握先機、雙喜臨門
◎順　月～順心隨喜、平安是福　　★變動月～大事不定、進退有分
▼凶　月～如履薄冰、凡事三思　　**大凶月**～諸事不宜、小心謹慎

理財投資

	流年1	流年2	流年3	流年4	流年5	流年6	流年7	流年8	流年9
1月	◎順月	★變動月	▼凶月	★變動月	◎順月	★變動月	★變動月	★變動月	◎順月
2月	◆大吉月	★變動月	◆大吉月	★變動月	◎順月	★變動月	★變動月	★變動月	◎順月
3月	▼凶月	★變動月	◎順月	★變動月	◎順月	★變動月	★變動月	★變動月	◆大吉月
4月	◆大吉月	★變動月	◎順月	★變動月	◆大吉月	★變動月	★變動月	★變動月	▼凶月
5月	◎順月	★變動月	◎順月	★變動月	◎順月	★變動月	★變動月	★變動月	◆大吉月
6月	◎順月	★變動月	◆大吉月	★變動月	◎順月	★變動月	★變動月	★變動月	◎順月
7月	◎順月	★變動月	◎順月	★變動月	◆大吉月	★變動月	★變動月	★變動月	◎順月
8月	◆大吉月	★變動月	◎順月	★變動月	▼凶月	★變動月	★變動月	★變動月	◎順月
9月	◎順月	★變動月	◆大吉月	★變動月	◆大吉月	★變動月	★變動月	★變動月	◆大吉月
10月	◎順月	★變動月	▼凶月	★變動月	◎順月	★變動月	★變動月	★變動月	◎順月
11月	◆大吉月	★變動月	◆大吉月	★變動月	◎順月	★變動月	★變動月	★變動月	◎順月
12月	▼凶月	★變動月	◎順月	★變動月	◎順月	★變動月	★變動月	★變動月	◆大吉月

◆大吉月～萬事皆捷、好運難擋　　●吉　月～掌握先機、雙喜臨門

◎順　月～順心隨喜、平安是福　　★變動月～大事不定、進退有分

▼凶　月～如履薄冰、凡事三思　　**大凶月**～諸事不宜、小心謹慎

博弈偏財

	流年 1	流年 2	流年 3	流年 4	流年 5	流年 6	流年 7	流年 8	流年 9
1 月	◎順月	★變動月	◎順月	★變動月	◎順月	★變動月	★變動月	★變動月	★變動月
2 月	●吉月	★變動月	●吉月	★變動月	◎順月	★變動月	★變動月	★變動月	★變動月
3 月	◎順月	★變動月	◎順月	★變動月	◎順月	★變動月	★變動月	★變動月	★變動月
4 月	●吉月	★變動月	◎順月	★變動月	◆大吉月	★變動月	★變動月	★變動月	★變動月
5 月	◎順月	★變動月	◎順月	★變動月	●吉月	★變動月	★變動月	★變動月	★變動月
6 月	◎順月	★變動月	◆大吉月	★變動月	◎順月	★變動月	★變動月	★變動月	★變動月
7 月	◎順月	★變動月	●吉月	★變動月	●吉月	★變動月	★變動月	★變動月	★變動月
8 月	◆大吉月	★變動月	◎順月	★變動月	◎順月	★變動月	★變動月	★變動月	★變動月
9 月	●吉月	★變動月	●吉月	★變動月	●吉月	★變動月	★變動月	★變動月	★變動月
10 月	◎順月	★變動月	◎順月	★變動月	◎順月	★變動月	★變動月	★變動月	★變動月
11 月	●吉月	★變動月	●吉月	★變動月	◎順月	★變動月	★變動月	★變動月	★變動月
12 月	◎順月	★變動月	◎順月	★變動月	◎順月	★變動月	★變動月	★變動月	★變動月

◆大吉月～萬事皆捷、好運難擋　　●吉　月～掌握先機、雙喜臨門
◎順　月～順心隨喜、平安是福　　★變動月～大事不定、進退有分
▼凶　月～如履薄冰、凡事三思　　**大凶月**～諸事不宜、小心謹慎

過戶繼承

	流年1	流年2	流年3	流年4	流年5	流年6	流年7	流年8	流年9
1月	◎順月	◎順月	◎順月	★變動月	★變動月	●吉月	◎順月	◎順月	◆大吉月
2月	◎順月	◎順月	◎順月	★變動月	★變動月	●吉月	◎順月	●吉月	●吉月
3月	◎順月	◎順月	◎順月	★變動月	★變動月	◆大吉月	◎順月	●吉月	●吉月
4月	◎順月	◎順月	◎順月	★變動月	★變動月	◆大吉月	◎順月	●吉月	●吉月
5月	●吉月	◎順月	◎順月	★變動月	★變動月	●吉月	◎順月	●吉月	●吉月
6月	◎順月	◎順月	◎順月	★變動月	★變動月	●吉月	◎順月	●吉月	◆大吉月
7月	●吉月	◎順月	◎順月	★變動月	★變動月	●吉月	◎順月	◆大吉月	●吉月
8月	●吉月	◎順月	◎順月	★變動月	★變動月	●吉月	◎順月	●吉月	◆大吉月
9月	●吉月	◎順月	◎順月	★變動月	★變動月	●吉月	◎順月	●吉月	◆大吉月
10月	◎順月	◎順月	◎順月	★變動月	★變動月	●吉月	◎順月	●吉月	◆大吉月
11月	◎順月	◎順月	◎順月	★變動月	★變動月	●吉月	◎順月	●吉月	●吉月
12月	◎順月	◎順月	◎順月	★變動月	★變動月	◆大吉月	◎順月	●吉月	●吉月

◆ 大吉月～萬事皆捷、好運難擋　　● 吉　月～掌握先機、雙喜臨門
◎ 順　月～順心隨喜、平安是福　　★ 變動月～大事不定、進退有分
▼ 凶　月～如履薄冰、凡事三思　　**大凶月**～ 諸事不宜、小心謹慎

整屋裝潢

	流年 1	流年 2	流年 3	流年 4	流年 5	流年 6	流年 7	流年 8	流年 9
1 月	◎順月	★變動月	★變動月	★變動月	◎順月	◎順月	●吉月	◎順月	★變動月
2 月	◎順月	★變動月	★變動月	◎順月	★變動月	◆大吉月	◎順月	◎順月	★變動月
3 月	◎順月	★變動月	◎順月	★變動月	◎順月	◎順月	◎順月	◎順月	★變動月
4 月	◎順月	◎順月	★變動月	◎順月	★變動月	◎順月	◎順月	◎順月	★變動月
5 月	●吉月	★變動月	◎順月	★變動月	★變動月	◎順月	◎順月	◎順月	★變動月
6 月	◎順月	◎順月	★變動月	★變動月	★變動月	◎順月	◎順月	◎順月	◎順月
7 月	●吉月	★變動月	★變動月	★變動月	★變動月	◎順月	◎順月	◆大吉月	★變動月
8 月	◎順月	★變動月	★變動月	★變動月	★變動月	◎順月	◎順月	◎順月	◎順月
9 月	◎順月	★變動月	★變動月	★變動月	★變動月	◆大吉月	▼凶月	◆大吉月	★變動月
10 月	◎順月	★變動月	★變動月	★變動月	◎順月	◎順月	●吉月	◎順月	★變動月
11 月	◎順月	★變動月	★變動月	◎順月	★變動月	◆大吉月	◎順月	◎順月	★變動月
12 月	◎順月	★變動月	◎順月	★變動月	◎順月	◎順月	◎順月	◎順月	★變動月

◆ 大吉月～萬事皆捷、好運難擋　　●吉　月～掌握先機、雙喜臨門
◎ 順　月～順心隨喜、平安是福　　★變動月～大事不定、進退有分
▼凶　月～如履薄冰、凡事三思　　**大凶月**～ 諸事不宜、小心謹慎

娛樂聚會

	流年1	流年2	流年3	流年4	流年5	流年6	流年7	流年8	流年9
1月	◎順月	●吉月	◎順月	●吉月	◎順月	▼凶月	★變動月	●吉月	◎順月
2月	●吉月	◎順月	◆大吉月	◎順月	▼凶月	◎順月	◎順月	◎順月	◎順月
3月	◎順月	●吉月	◎順月	▼凶月	◎順月	●吉月	★變動月	◎順月	◆大吉月
4月	●吉月	◎順月	▼凶月	◎順月	◆大吉月	◎順月	★變動月	●吉月	◎順月
5月	◎順月	▼凶月	◎順月	●吉月	◎順月	◎順月	◎順月	◎順月	◆大吉月
6月	▼凶月	◎順月	◆大吉月	◎順月	◎順月	●吉月	★變動月	●吉月	◎順月
7月	◎順月	●吉月	◎順月	◎順月	◆大吉月	◎順月	◎順月	◎順月	▼凶月
8月	●吉月	◎順月	◎順月	●吉月	◎順月	●吉月	★變動月	▼凶月	◎順月
9月	◎順月	◎順月	◆大吉月	◎順月	◆大吉月	◎順月	大凶月	◎順月	◆大吉月
10月	◎順月	●吉月	◎順月	●吉月	◎順月	▼凶月	★變動月	●吉月	◎順月
11月	●吉月	◎順月	◆大吉月	◎順月	▼凶月	◎順月	◎順月	◎順月	◎順月
12月	◎順月	●吉月	◎順月	▼凶月	◎順月	●吉月	★變動月	◎順月	◆大吉月

◆大吉月～萬事皆捷、好運難擋　●吉　月～掌握先機、雙喜臨門
◎順　月～順心隨喜、平安是福　★變動月～大事不定、進退有分
▼凶　月～如履薄冰、凡事三思　**大凶月**～諸事不宜、小心謹慎

送禮吉日

	流年 1	流年 2	流年 3	流年 4	流年 5	流年 6	流年 7	流年 8	流年 9
1 月	●吉月	◎順月	◎順月	★變動月	◎順月	◎順月	★變動月	●吉月	◎順月
2 月	◎順月	◎順月	◎順月	★變動月	◎順月	◎順月	●吉月	◎順月	◆大吉月
3 月	◎順月	◎順月	◎順月	★變動月	◎順月	●吉月	★變動月	●吉月	◎順月
4 月	◎順月	◎順月	◎順月	★變動月	●吉月	◎順月	●吉月	◎順月	◎順月
5 月	◎順月	◎順月	◎順月	●吉月	◎順月	●吉月	★變動月	◎順月	◎順月
6 月	◎順月	◎順月	●吉月	★變動月	●吉月	◎順月	★變動月	◎順月	◎順月
7 月	◎順月	◆大吉月	◎順月	●吉月	◎順月	◎順月	★變動月	◎順月	◎順月
8 月	●吉月	◎順月	●吉月	★變動月	◎順月	◎順月	★變動月	◎順月	◎順月
9 月	◎順月	◆大吉月	◎順月	★變動月	◎順月	◎順月	★變動月	◎順月	◆大吉月
10 月	●吉月	◎順月	◎順月	★變動月	◎順月	◎順月	★變動月	●吉月	◎順月
11 月	◎順月	◎順月	◎順月	★變動月	◎順月	◎順月	●吉月	◎順月	◆大吉月
12 月	◎順月	◎順月	◎順月	★變動月	◎順月	●吉月	★變動月	●吉月	◎順月

◆ 大吉月～萬事皆捷、好運難擋　　● 吉　月～掌握先機、雙喜臨門
◎ 順　月～順心隨喜、平安是福　　★ 變動月～大事不定、進退有分
▼ 凶　月～如履薄冰、凡事三思　　**大凶月**～ 諸事不宜、小心謹慎

渡假靈修

	流年1	流年2	流年3	流年4	流年5	流年6	流年7	流年8	流年9
1月	★變動月	★變動月	◎順月	★變動月	●吉月	★變動月	●吉月	●吉月	◎順月
2月	★變動月	★變動月	◎順月	★變動月	◆大吉月	★變動月	●吉月	●吉月	◎順月
3月	★變動月	★變動月	◎順月	★變動月	●吉月	★變動月	●吉月	●吉月	◎順月
4月	★變動月	★變動月	◎順月	★變動月	●吉月	★變動月	●吉月	◆大吉月	◎順月
5月	★變動月	★變動月	◎順月	★變動月	●吉月	★變動月	◆大吉月	●吉月	◎順月
6月	★變動月	★變動月	◎順月	★變動月	●吉月	★變動月	●吉月	◆大吉月	◎順月
7月	★變動月	★變動月	◎順月	★變動月	◆大吉月	★變動月	◆大吉月	●吉月	◎順月
8月	★變動月	★變動月	◎順月	★變動月	●吉月	★變動月	●吉月	◆大吉月	◎順月
9月	★變動月	★變動月	◎順月	★變動月	◆大吉月	★變動月	◆大吉月	●吉月	◎順月
10月	★變動月	★變動月	◎順月	★變動月	●吉月	★變動月	●吉月	●吉月	◎順月
11月	★變動月	★變動月	◎順月	★變動月	◆大吉月	★變動月	●吉月	●吉月	◎順月
12月	★變動月	★變動月	◎順月	★變動月	●吉月	★變動月	●吉月	●吉月	◎順月

◆大吉月～萬事皆捷、好運難擋　　●吉　月～掌握先機、雙喜臨門
◎順　月～順心隨喜、平安是福　　★變動月～大事不定、進退有分
▼凶　月～如履薄冰、凡事三思　　**大凶月**～諸事不宜、小心謹慎

短期旅遊

	流年 1	流年 2	流年 3	流年 4	流年 5	流年 6	流年 7	流年 8	流年 9
1 月	◎順月	★變動月	◎順月	★變動月	◎順月	★變動月	●吉月	◎順月	◎順月
2 月	●吉月	★變動月	◎順月	★變動月	◆大吉月	★變動月	●吉月	◎順月	◎順月
3 月	◎順月	★變動月	◎順月	★變動月	●吉月	★變動月	◆大吉月	◎順月	◎順月
4 月	◆大吉月	★變動月	◎順月	★變動月	●吉月	★變動月	◎順月	◎順月	◎順月
5 月	◎順月	★變動月	◎順月	★變動月	◆大吉月	★變動月	●吉月	◎順月	◎順月
6 月	◆大吉月	★變動月	◎順月	★變動月	◎順月	★變動月	◎順月	◎順月	◎順月
7 月	●吉月	★變動月	◎順月	★變動月	●吉月	★變動月	◆大吉月	◎順月	◎順月
8 月	●吉月	★變動月	◎順月	★變動月	◎順月	★變動月	◎順月	◎順月	◎順月
9 月	◆大吉月	★變動月	◎順月	★變動月	◆大吉月	★變動月	◆大吉月	◎順月	◎順月
10 月	◎順月	★變動月	◎順月	★變動月	◎順月	★變動月	●吉月	◎順月	◎順月
11 月	●吉月	★變動月	◎順月	★變動月	◆大吉月	★變動月	●吉月	◎順月	◎順月
12 月	◎順月	★變動月	◎順月	★變動月	●吉月	★變動月	◆大吉月	◎順月	◎順月

◆ 大吉月～萬事皆捷、好運難擋　　● 吉　月～掌握先機、雙喜臨門
◎ 順　月～順心隨喜、平安是福　　★ 變動月～大事不定、進退有分
▼ 凶　月～如履薄冰、凡事三思　　**大凶月～** 諸事不宜、小心謹慎

結交新友

	流年1	流年2	流年3	流年4	流年5	流年6	流年7	流年8	流年9
1月	◎順月	◆大吉月	◎順月	◎順月	◎順月	◎順月	◎順月	◎順月	●吉月
2月	◎順月	◎順月	◎順月	◎順月	◎順月	◎順月	◎順月	◎順月	◎順月
3月	◎順月	◎順月	◎順月	◎順月	◎順月	◎順月	◎順月	◎順月	●吉月
4月	◎順月	◎順月	◎順月	◎順月	◎順月	◎順月	◎順月	◎順月	◎順月
5月	◎順月	◎順月	◎順月	◎順月	◎順月	◎順月	◎順月	◎順月	◎順月
6月	◎順月	◎順月	◎順月	◎順月	◎順月	◎順月	◎順月	◎順月	◎順月
7月	◎順月	●吉月	◎順月	◎順月	◎順月	◎順月	◎順月	◎順月	◎順月
8月	◎順月	◆大吉月	◎順月	◎順月	◎順月	◎順月	◎順月	◎順月	◎順月
9月	◎順月	◎順月	◎順月	◎順月	◎順月	◎順月	◎順月	◎順月	◎順月
10月	◎順月	◆大吉月	◎順月	◎順月	◎順月	◎順月	◎順月	◎順月	●吉月
11月	◎順月	◎順月	◎順月	◎順月	◎順月	◎順月	◎順月	◎順月	◎順月
12月	◎順月	◎順月	◎順月	◎順月	◎順月	◎順月	◎順月	◎順月	●吉月

◆大吉月～萬事皆捷、好運難擋　　●吉　月～掌握先機、雙喜臨門
◎順　月～順心隨喜、平安是福　　★變動月～大事不定、進退有分
▼凶　月～如履薄冰、凡事三思　　**大凶月**～諸事不宜、小心謹慎

手術開刀

	流年 1	流年 2	流年 3	流年 4	流年 5	流年 6	流年 7	流年 8	流年 9
1 月	●吉月	◎順月	★變動月	◎順月	★變動月	★變動月	◎順月	★變動月	★變動月
2 月	◎順月	▼凶月	★變動月	◎順月	★變動月	★變動月	◎順月	★變動月	★變動月
3 月	▼凶月	◎順月	★變動月	●吉月	★變動月	★變動月	▼凶月	★變動月	★變動月
4 月	◎順月	◎順月	★變動月	◎順月	★變動月	★變動月	●吉月	★變動月	★變動月
5 月	◎順月	●吉月	★變動月	◎順月	★變動月	★變動月	◎順月	★變動月	★變動月
6 月	●吉月	◎順月	★變動月	▼凶月	★變動月	★變動月	▼凶月	★變動月	★變動月
7 月	◎順月	◎順月	★變動月	●吉月	★變動月	★變動月	◎順月	★變動月	★變動月
8 月	◎順月	▼凶月	★變動月	◎順月	★變動月	★變動月	◎順月	★變動月	★變動月
9 月	▼凶月	●吉月	★變動月	▼凶月	★變動月	★變動月	●吉月	★變動月	★變動月
10 月	●吉月	◎順月	★變動月	◎順月	★變動月	★變動月	◎順月	★變動月	★變動月
11 月	◎順月	▼凶月	★變動月	◎順月	★變動月	★變動月	◎順月	★變動月	★變動月
12 月	▼凶月	◎順月	★變動月	●吉月	★變動月	★變動月	▼凶月	★變動月	★變動月

◆大吉月～萬事皆捷、好運難擋　　●吉　月～掌握先機、雙喜臨門
◎順　月～順心隨喜、平安是福　　★變動月～大事不定、進退有分
▼凶　月～如履薄冰、凡事三思　　**大凶月**～ 諸事不宜、小心謹慎

門診諮詢

	流年1	流年2	流年3	流年4	流年5	流年6	流年7	流年8	流年9
1月	★變動月	◎順月	★變動月	★變動月	★變動月	★變動月	◎順月	★變動月	◎順月
2月	★變動月	◎順月	★變動月	★變動月	★變動月	★變動月	◆大吉月	★變動月	●吉月
3月	★變動月	◎順月	★變動月	★變動月	★變動月	★變動月	◎順月	★變動月	◎順月
4月	★變動月	◎順月	★變動月	★變動月	★變動月	★變動月	◆大吉月	★變動月	◎順月
5月	★變動月	●吉月	★變動月	★變動月	★變動月	★變動月	◎順月	★變動月	◎順月
6月	★變動月	◎順月	★變動月	★變動月	★變動月	★變動月	◎順月	★變動月	◎順月
7月	★變動月	●吉月	★變動月	★變動月	★變動月	★變動月	◎順月	★變動月	●吉月
8月	★變動月	◎順月	★變動月	★變動月	★變動月	★變動月	◎順月	★變動月	◎順月
9月	★變動月	●吉月	★變動月	★變動月	★變動月	★變動月	◆大吉月	★變動月	●吉月
10月	★變動月	◎順月	★變動月	★變動月	★變動月	★變動月	◎順月	★變動月	◎順月
11月	★變動月	◎順月	★變動月	★變動月	★變動月	★變動月	◆大吉月	★變動月	●吉月
12月	★變動月	◎順月	★變動月	★變動月	★變動月	★變動月	◎順月	★變動月	◎順月

◆大吉月～萬事皆捷、好運難擋　　●吉　月～掌握先機、雙喜臨門
◎順　月～順心隨喜、平安是福　　★變動月～大事不定、進退有分
▼凶　月～如履薄冰、凡事三思　　**大凶月**～諸事不宜、小心謹慎

健康警訊

	流年 1	流年 2	流年 3	流年 4	流年 5	流年 6	流年 7	流年 8	流年 9
1月	★變動月	★變動月	◎順月	★變動月	★變動月	★變動月	★變動月	★變動月	◎順月
2月	★變動月	★變動月	◎順月	★變動月	★變動月	★變動月	★變動月	★變動月	◎順月
3月	◎順月	★變動月	◎順月	◎順月	★變動月	★變動月	◎順月	★變動月	◎順月
4月	★變動月	★變動月	◎順月	★變動月	★變動月	★變動月	★變動月	★變動月	◎順月
5月	★變動月	★變動月	◎順月	★變動月	★變動月	★變動月	★變動月	★變動月	◎順月
6月	◎順月	★變動月	◎順月	◎順月	★變動月	★變動月	◎順月	★變動月	◎順月
7月	★變動月	★變動月	◎順月	★變動月	★變動月	★變動月	★變動月	★變動月	◎順月
8月	★變動月	★變動月	◎順月	★變動月	★變動月	★變動月	★變動月	★變動月	◎順月
9月	◎順月	**大凶月**	◎順月	◎順月	★變動月	★變動月	◎順月	★變動月	◎順月
10月	★變動月	★變動月	◎順月	★變動月	★變動月	★變動月	★變動月	★變動月	◎順月
11月	★變動月	★變動月	◎順月	★變動月	★變動月	★變動月	★變動月	★變動月	◎順月
12月	◎順月	★變動月	◎順月	◎順月	★變動月	★變動月	◎順月	★變動月	◎順月

◆大吉月～萬事皆捷、好運難擋　●吉　月～掌握先機、雙喜臨門
◎順　月～順心隨喜、平安是福　★變動月～大事不定、進退有分
▼凶　月～如履薄冰、凡事三思　**大凶月**～ 諸事不宜、小心謹慎

接受治療

	流年1	流年2	流年3	流年4	流年5	流年6	流年7	流年8	流年9
1月	★變動月	◎順月	★變動月	★變動月	★變動月	★變動月	★變動月	★變動月	★變動月
2月	★變動月	◎順月	★變動月	★變動月	★變動月	★變動月	◆大吉月	★變動月	◎順月
3月	★變動月	◎順月	★變動月	★變動月	★變動月	★變動月	★變動月	★變動月	★變動月
4月	★變動月	◎順月	◎順月	★變動月	★變動月	★變動月	◎順月	★變動月	★變動月
5月	★變動月	◎順月	★變動月	★變動月	★變動月	★變動月	★變動月	★變動月	★變動月
6月	★變動月	◎順月	◎順月	★變動月	★變動月	★變動月	★變動月	★變動月	★變動月
7月	★變動月	◎順月	★變動月	★變動月	★變動月	★變動月	★變動月	★變動月	◆大吉月
8月	★變動月	◎順月	●吉月	★變動月	★變動月	★變動月	★變動月	★變動月	★變動月
9月	★變動月	◎順月	★變動月	★變動月	★變動月	★變動月	◆大吉月	★變動月	◆大吉月
10月	★變動月	◎順月	★變動月	★變動月	★變動月	★變動月	★變動月	★變動月	★變動月
11月	★變動月	◎順月	★變動月	★變動月	★變動月	★變動月	◆大吉月	★變動月	◎順月
12月	★變動月	◎順月	★變動月	★變動月	★變動月	★變動月	★變動月	★變動月	★變動月

◆大吉月～萬事皆捷、好運難擋　●吉　月～掌握先機、雙喜臨門
◎順　月～順心隨喜、平安是福　★變動月～大事不定、進退有分
▼凶　月～如履薄冰、凡事三思　大凶月～諸事不宜、小心謹慎

改造轉變

	流年 1	流年 2	流年 3	流年 4	流年 5	流年 6	流年 7	流年 8	流年 9
1 月	◎順月	●吉月	◎順月	◎順月	◎順月	◎順月	◎順月	◆大吉月	●吉月
2 月	●吉月	◎順月	●吉月	★變動月	◎順月	◎順月	◆大吉月	◎順月	◎順月
3 月	◎順月	●吉月	◎順月	★變動月	◎順月	◆大吉月	●吉月	★變動月	●吉月
4 月	●吉月	◎順月	◎順月	★變動月	◆大吉月	●吉月	◎順月	◎順月	◎順月
5 月	◎順月	◎順月	◎順月	◆大吉月	●吉月	◎順月	●吉月	★變動月	●吉月
6 月	◎順月	◎順月	◆大吉月	◎順月	◎順月	●吉月	◎順月	◎順月	◎順月
7 月	◎順月	◆大吉月	●吉月	★變動月	●吉月	◎順月	●吉月	★變動月	◎順月
8 月	◆大吉月	●吉月	◎順月	◎順月	◎順月	●吉月	◎順月	★變動月	◎順月
9 月	●吉月	◎順月	●吉月	★變動月	●吉月	◎順月	◎順月	★變動月	◆大吉月
10 月	◎順月	●吉月	◎順月	◎順月	◎順月	◎順月	◎順月	◆大吉月	●吉月
11 月	●吉月	◎順月	●吉月	★變動月	◎順月	◎順月	◆大吉月	◎順月	◎順月
12 月	◎順月	●吉月	◎順月	★變動月	◎順月	◆大吉月	●吉月	★變動月	●吉月

◆大吉月～萬事皆捷、好運難擋　●吉　月～掌握先機、雙喜臨門
◎順　月～順心隨喜、平安是福　★變動月～大事不定、進退有分
▼凶　月～如履薄冰、凡事三思　**大凶月**～諸事不宜、小心謹慎

宗教洗禮

	流年1	流年2	流年3	流年4	流年5	流年6	流年7	流年8	流年9
1月	◎順月	◎順月	◎順月	◎順月	◎順月	◆大吉月	◎順月	●吉月	◎順月
2月	◎順月	◎順月	◎順月	◎順月	◆大吉月	◎順月	●吉月	◎順月	◎順月
3月	◎順月	◎順月	◎順月	◆大吉月	◎順月	●吉月	◎順月	◎順月	◎順月
4月	◎順月	◎順月	◆大吉月	◎順月	●吉月	◎順月	◎順月	◎順月	◎順月
5月	◎順月	◆大吉月	◎順月	●吉月	◎順月	◎順月	◎順月	◎順月	◎順月
6月	◆大吉月	◎順月	●吉月	◎順月	◎順月	◎順月	◎順月	◎順月	◎順月
7月	◎順月	●吉月	◎順月	◎順月	◎順月	◎順月	◎順月	◎順月	◆大吉月
8月	●吉月	◎順月	◎順月	◎順月	◎順月	◎順月	◎順月	◆大吉月	◎順月
9月	◎順月	◎順月	◎順月	◎順月	◎順月	◆大吉月	◎順月	●吉月
10月	◎順月	◎順月	◎順月	◎順月	◎順月	◆大吉月	◎順月	●吉月	◎順月
11月	◎順月	◎順月	◎順月	◎順月	◆大吉月	◎順月	●吉月	◎順月	◎順月
12月	◎順月	◎順月	◎順月	◆大吉月	◎順月	●吉月	◎順月	◎順月	◎順月

◆大吉月～萬事皆捷、好運難擋　　●吉　月～掌握先機、雙喜臨門
◎順　月～順心隨喜、平安是福　　★變動月～大事不定、進退有分
▼凶　月～如履薄冰、凡事三思　　**大凶月**～諸事不宜、小心謹慎

清理住家

	流年 1	流年 2	流年 3	流年 4	流年 5	流年 6	流年 7	流年 8	流年 9
1 月	◆大吉月	◎順月	●吉月	◎順月	●吉月	◎順月	●吉月	◎順月	◎順月
2 月	◎順月	●吉月	◎順月	●吉月	◎順月	●吉月	◎順月	◎順月	◆大吉月
3 月	●吉月	◎順月	●吉月	◎順月	●吉月	◎順月	◎順月	◆大吉月	◎順月
4 月	◎順月	●吉月	◎順月	●吉月	◎順月	◎順月	◆大吉月	◎順月	●吉月
5 月	●吉月	◎順月	●吉月	◎順月	◎順月	◆大吉月	◎順月	●吉月	●吉月
6 月	◎順月	●吉月	◎順月	◎順月	◆大吉月	◎順月	●吉月	●吉月	●吉月
7 月	●吉月	◎順月	◎順月	◆大吉月	◎順月	●吉月	◎順月	●吉月	◎順月
8 月	◎順月	◎順月	◆大吉月	◎順月	●吉月	◎順月	●吉月	◎順月	●吉月
9 月	◎順月	◆大吉月	◎順月	●吉月	◎順月	●吉月	◎順月	●吉月	◎順月
10 月	◆大吉月	◎順月	●吉月	◎順月	●吉月	◎順月	●吉月	◎順月	◎順月
11 月	◎順月	●吉月	◎順月	●吉月	◎順月	●吉月	◎順月	◎順月	◆大吉月
12 月	●吉月	◎順月	●吉月	◎順月	●吉月	◎順月	◎順月	◆大吉月	◎順月

◆大吉月～萬事皆捷、好運難擋　　●吉　月～掌握先機、雙喜臨門
◎順　月～順心隨喜、平安是福　　★變動月～大事不定、進退有分
▼凶　月～如履薄冰、凡事三思　　**大凶月**～諸事不宜、小心謹慎

脫離困境

	流年1	流年2	流年3	流年4	流年5	流年6	流年7	流年8	流年9
1月	◎順月	★變動月	◎順月	★變動月	◎順月	★變動月	★變動月	◎順月	●吉月
2月	◎順月	★變動月	●吉月	★變動月	◎順月	★變動月	★變動月	●吉月	◎順月
3月	◎順月	★變動月	◎順月	★變動月	◎順月	★變動月	★變動月	◎順月	◎順月
4月	◎順月	★變動月	◎順月	★變動月	◆大吉月	★變動月	★變動月	◎順月	◎順月
5月	◎順月	★變動月	◎順月	★變動月	●吉月	★變動月	★變動月	◎順月	●吉月
6月	◎順月	★變動月	◆大吉月	★變動月	◎順月	★變動月	★變動月	●吉月	◎順月
7月	◎順月	★變動月	●吉月	★變動月	◎順月	★變動月	★變動月	◎順月	◎順月
8月	◎順月	★變動月	◎順月	★變動月	◎順月	★變動月	★變動月	◎順月	◎順月
9月	◎順月	★變動月	◎順月	★變動月	●吉月	★變動月	★變動月	◎順月	◎順月
10月	◎順月	★變動月	◎順月	★變動月	◎順月	★變動月	★變動月	◎順月	●吉月
11月	◎順月	★變動月	●吉月	★變動月	◎順月	★變動月	★變動月	●吉月	◎順月
12月	◎順月	★變動月	◎順月	★變動月	◎順月	★變動月	★變動月	◎順月	◎順月

◆大吉月～萬事皆捷、好運難擋　　●吉　月～掌握先機、雙喜臨門
◎順　月～順心隨喜、平安是福　　★變動月～大事不定、進退有分
▼凶　月～如履薄冰、凡事三思　　**大凶月**～ 諸事不宜、小心謹慎

遷居新屋

	流年1	流年2	流年3	流年4	流年5	流年6	流年7	流年8	流年9
1月	◎順月	◎順月	★變動月	◎順月	●吉月	◎順月	◎順月	★變動月	★變動月
2月	★變動月	◎順月	◎順月	◎順月	◎順月	◎順月	◎順月	★變動月	◎順月
3月	★變動月	●吉月	◎順月	★變動月	◎順月	◎順月	◎順月	◎順月	★變動月
4月	◎順月	●吉月	★變動月	★變動月	◎順月	◎順月	●吉月	★變動月	★變動月
5月	◎順月	◎順月	★變動月	★變動月	◎順月	●吉月	◎順月	★變動月	◎順月
6月	★變動月	◎順月	★變動月	★變動月	●吉月	◎順月	◎順月	◎順月	◎順月
7月	★變動月	◎順月	★變動月	◎順月	◎順月	◎順月	●吉月	◎順月	★變動月
8月	★變動月	◎順月	◎順月	★變動月	◎順月	●吉月	●吉月	★變動月	★變動月
9月	★變動月	●吉月	★變動月	★變動月	●吉月	●吉月	◎順月	★變動月	★變動月
10月	◎順月	◎順月	★變動月	◎順月	●吉月	◎順月	◎順月	★變動月	★變動月
11月	★變動月	◎順月	◎順月	◎順月	◎順月	◎順月	◎順月	★變動月	◎順月
12月	★變動月	●吉月	◎順月	★變動月	◎順月	◎順月	◎順月	◎順月	★變動月

◆大吉月～萬事皆捷、好運難擋　　●吉　月～掌握先機、雙喜臨門
◎順　月～順心隨喜、平安是福　　★變動月～大事不定、進退有分
▼凶　月～如履薄冰、凡事三思　　**大凶月**～諸事不宜、小心謹慎

學習深造

	流年1	流年2	流年3	流年4	流年5	流年6	流年7	流年8	流年9
1月	★變動月	★變動月	★變動月	★變動月	●吉月	◎順月	◎順月	◆大吉月	★變動月
2月	★變動月	★變動月	★變動月	●吉月	◎順月	◎順月	◆大吉月	★變動月	★變動月
3月	★變動月	★變動月	●吉月	◎順月	◎順月	●吉月	★變動月	★變動月	★變動月
4月	★變動月	●吉月	◎順月	◎順月	●吉月	★變動月	★變動月	★變動月	★變動月
5月	●吉月	◎順月	◎順月	●吉月	★變動月	★變動月	★變動月	★變動月	★變動月
6月	◎順月	◎順月	●吉月	★變動月	★變動月	★變動月	★變動月	★變動月	●吉月
7月	◎順月	●吉月	★變動月	★變動月	★變動月	★變動月	★變動月	◆大吉月	◎順月
8月	●吉月	★變動月	★變動月	★變動月	★變動月	★變動月	◆大吉月	◎順月	◎順月
9月	★變動月	★變動月	★變動月	★變動月	★變動月	●吉月	◎順月	◎順月	●吉月
10月	★變動月	★變動月	★變動月	★變動月	●吉月	◎順月	◎順月	◆大吉月	★變動月
11月	★變動月	★變動月	★變動月	●吉月	◎順月	◎順月	◆大吉月	★變動月	★變動月
12月	★變動月	★變動月	●吉月	◎順月	◎順月	●吉月	★變動月	★變動月	★變動月

◆大吉月～萬事皆捷、好運難擋　●吉　月～掌握先機、雙喜臨門
◎順　月～順心隨喜、平安是福　★變動月～大事不定、進退有分
▼凶　月～如履薄冰、凡事三思　**大凶月**～諸事不宜、小心謹慎

避免重大決定

	流年1	流年2	流年3	流年4	流年5	流年6	流年7	流年8	流年9
1月	◎順月	◎順月	◎順月	▼凶月	★變動月	▼凶月	★變動月	◎順月	●吉月
2月	●吉月	★變動月	▼凶月	★變動月	大凶月	★變動月	◎順月	◎順月	◎順月
3月	◎順月	▼凶月	◎順月	▼凶月	★變動月	◎順月	◎順月	★變動月	●吉月
4月	▼凶月	★變動月	▼凶月	★變動月	◎順月	◎順月	★變動月	◎順月	◎順月
5月	◎順月	▼凶月	◎順月	◎順月	◎順月	★變動月	◎順月	★變動月	▼凶月
6月	▼凶月	★變動月	●吉月	◎順月	★變動月	◎順月	★變動月	▼凶月	◎順月
7月	◎順月	◎順月	●吉月	★變動月	◎順月	★變動月	大凶月	★變動月	▼凶月
8月	●吉月	◎順月	◎順月	◎順月	★變動月	▼凶月	★變動月	▼凶月	◎順月
9月	●吉月	★變動月	●吉月	★變動月	大凶月	★變動月	大凶月	★變動月	●吉月
10月	◎順月	◎順月	◎順月	▼凶月	★變動月	▼凶月	★變動月	◎順月	●吉月
11月	●吉月	★變動月	▼凶月	★變動月	大凶月	★變動月	◎順月	◎順月	◎順月
12月	◎順月	▼凶月	◎順月	▼凶月	★變動月	◎順月	◎順月	★變動月	●吉月

◆大吉月～萬事皆捷、好運難擋　●吉　月～掌握先機、雙喜臨門
◎順　月～順心隨喜、平安是福　★變動月～大事不定、進退有分
▼凶　月～如履薄冰、凡事三思　**大凶月**～諸事不宜、小心謹慎

99% 的成功人士都知道，人生一定要先跨越以下 3 大步；

了解自己——不明白自我內在需要如何訂下夢想目標？

掌握選擇——不能夠自我掌控步伐，如何找到富足之道？

學會預測——不懂運用預測和方法，如何能夠趨吉避凶？

掌握最佳 Timing 好時機？

就算你已經做足了完全準備，但仍無法確定是否能順利完成任何事情。畢竟，想得到最佳結果，往往都需要靠天時地利人和，這三樣因素缺一不可。

【倪端占數開運月曆】是全球華文首創占數西洋曆，可以幫助你掌握流年大勢，不會偏離了運勢航道。更能協助你趨吉避凶，提早計畫管理一整年的生活方向，幫你找到最佳 Timing，做好選擇完成目標。

如何閱讀【倪端占數開運月曆】(通用版)

先查看當月呈現的任何符號，便知該月是凶月或吉月；凶月時，盡量行事低調，萬事以靜制動。若為吉月，則要好好把握時機，主動出擊，必有好成績。

註：【倪端占數開運月曆】(通用版)提供不同流年 365 天，最佳吉日或凶日。

開運月曆——符號代表意義

◆大吉月～萬事皆捷、好運難擋

●吉　月～掌握先機、雙喜臨門

◎順　月～順心隨喜、平安是福

★變動月～大事不定、進退有分

▼凶　月～如履薄冰、凡事三思

✖大凶月～諸事不宜、小心謹慎

【倪端占數開運月曆】六大分類說明

愛情家庭篇

■分手離婚、■訂親結婚、■誤解紛爭、■關心家人、■豔遇相親

★分手離婚

　　沒有人願意以分開和離婚做為收場。特別標記以下這些日子，主要是提醒大家能夠防範於未然。

　　如果你們的關係正面臨極大的考驗，總要嚐試多做努力。假設無法挽回婚姻或愛情關係，也可以此預先做好溝通與心理準備，才不致於失去理性亂了方寸，造成彼此更大的傷害。根據統計，若在此階段離婚的伴侶，通常關係在兩年前就已開始發生變化了。

★訂親結婚

吉日裡完成終身大事，祝福新人永浴愛河，過程能夠順利進行，並讓祥和幸福之氣感染所有親朋戚友。

無論東西方，都講求良辰吉日的重要。在西方的統計結果，通常數字 4、6 與 1 都與結婚訂親喜慶有關；當然流年 6 或流月 6，都很容易讓情侶們 發「婚」。針對不同流年與流月，在吉日裡完成終身大事，過程比較順利，且婚姻維持也較長久。也可規畫此時求婚、下聘或迎親。

★誤解紛爭

往往越親密的人，越容易忽視了彼此的重要性與給予適度的尊重。這段時間要特別小心因為誤會或溝通不良，容易造成與親友或家人間的不快。

如果你真心愛著對方，就要努力嘗試做些讓步與情感的表達，莫讓小事一發不可收拾而產生遺憾。標出這些特別容易發生爭執的日子，提醒你要學習控制情緒，運用良好的方法溝通，忍一時可免百日憂。

★關心家人

家，是我們一切努力的最終歸宿與心靈所在。家人，是我們最大的支持力量。我們無論多忙，都不要忽略了對家人的重視與關心。

為家人付出越多，所得到的安定力也越強。特別標出的時間，是家

人對你的召喚，或者最親密的家人正需要你伸出援手協助。當然，也可選擇吉日與家人團聚，實際表現關愛。

★豔遇相親

緣分，是上天給予我們的一份珍貴厚禮。這段時間，你可以藉由高光運勢水漲船高，發揮你的桃花人緣，在一般人際關係上相對容易吸引他人目光，也更有機會可以遇到你的白馬王子和白雪公主。

建議你，要為自己製造更多機會。如果你能掌握這些提供的吉時良辰，總是比他人多一點籌碼和勝算，抓對時間把自己推銷出去吧！

工作職場篇

■公開表現、■升遷加薪、■展開新工作、■推銷面試、■創業開工、
■與上司談判

★公開表現

常說 Timing 有多麼重要啊！就像公眾人物的演講行程或表演，最重視時點的安排。選擇對的時間公開露面，能夠得到大家的注意與喜愛，人氣攀升並獲得好評價。

無論你的身分職業為何，總希望出現在公共場合或他人面前時，能展現最完好最有說服力的一面，以留給大家美好的印象。特別是公眾人物，其一言一行都足以成為他人的話題。選擇一個好的日子做公開的行

程，可以帶來最正面最有娛樂效益的收穫。 儘量避開凶時凶日，容易有意外發生。

★升遷加薪

「飛機起飛前，先繫好你的安全帶！」想要升官加薪的人，也要有心理準備，覺得實至名歸，甚而為下一個高峰鋪好勝利之路。

不是每一天或每一個月都有很好的機會獲得工作晉升或獎勵。以下標記的日子，通常是你最容易獲得工作回饋，或是學業與研究上得到肯定與褒揚的日子。

★展開新工作

以執行力最強的日子，做為你朝全新挑戰發動猛烈攻勢的開始。別忘了打鐵趁熱、趁勝追擊，才能借力使力以一代十。

開始接受一個全新的工作、一些特別合作的案子，或是新的學習與研究發展，除了要有全新的心態轉變，更要選擇執行力最強的日子做為開始。在標記的這些吉日開始新的工作，會給你耳目一新的感覺與動力。當然也要避開凶日展開新工作。

★推銷面試

無論你是接受面試、拜訪客戶，或者是做公眾演說，都希望能讓大家獲得好印象，並順利將自己的想法推銷出去！

你有過這樣的經驗嗎？明明準備好的點子和說法，偏偏在關鍵時刻一切都走了樣？若不是張口結舌就是思慮不清，讓你的本事完全無法順利進行。如果你正要推廣你的計畫、推銷你的產品，這些吉日可以讓你有正面能量發揮所長。

★創業開工

上緊發條，選個大吉大日的好時辰，為你的新事業進行破土或開工的典禮儀式，或與合作夥伴簽定購併等合約。

創業、合夥幾乎與我們的婚姻一樣重要，但如果發展錯誤的事業或選錯合夥伴侶，將與不幸的婚姻一樣，嚴重的將導致傾家蕩產、萬劫不復的下場。如果一切條件都具備了，你可以依循提供的日子，開始寫下你人生新的一頁。

★與上司談判

高 IQ 不等於成功的保證。職場講究更好的工作 EQ 與 AQ，想獲得上司的信任和青睞，找對時間溝通比一昧拉長工作時間更容易被接受。

與上司或老闆溝通想法和報告工作心得，不但可以表現你的積極態度，同時也可藉機將未來願景計畫提出來。如果你想和上司老闆談升遷或加薪等問題，最好選一個具有開心互動的日子，可以為你助長信心，得到較圓滿的結果。

■房產買賣、■理財投資、■博弈偏財、■過戶繼承、■整屋裝潢

★房屋買賣

除必要專業知識與市場資訊取得外，在對的時機點做買賣銷售，可以獲得更多回饋利潤。

此處不單指房地產，還包括了汽車、遊艇或高價值的大型交易在內。所以，這個購買的決定選擇就非同小可。在運勢強的日子，不但可以獲得好價錢，不會受騙上當，過程順利滿意。仍然要特別提醒買賣公平原則，並有律師、會計師等合格認證者在場督導。

★理財投資

在吉日投資能為你帶來獲利，切勿貪婪，因小失大將造成血本無歸。目前理財的工具甚多，資訊也相當方便取得。適當的理財對現代人而言，已是一項不可缺少的生活內容，但選擇投資標的物與工具，仍需請教專家，一切謹慎小心為要。在運勢旺的時候，我們的判斷力與思考也益發清明，自然有比較好的投資獲得。

★博弈偏財

吉日吉時，配上你自己生日數字相關的幸運日，可得到更多助運，

得到意想不到的收獲。

　　小賭怡情，許多人都有買過樂透彩券的經驗吧！為大家提供的吉日，可以讓你感到特別勢旺。至於標明出的凶日，則切切不可參與任何簽賭，特別提醒這些時日乃運勢極差的日子，千萬要克制自己。當然在吉時吉日，偏財運也旺。

★過戶繼承

　　根據數字統計，許多意想不到的財務收益與壽險收益等，容易發生在某些特定的時日裡，這絕非你所以為的意外，不妨看看你過去的紀錄。

　　這些日子，比較容易獲得別人的禮物餽贈，同時在統計上，有關於財產分配、資產繼承或意外險的收益等，都比較容易在標記的時日發生。若有關於契約訂定與房產轉讓過戶等事宜，也可參考吉日進行。

★整屋裝潢

　　動土動工或在住屋中移動改建，選擇吉日吉時可以幫助你工程順利平安，並吸引正面能量好運氣。

　　裝潢，需要美感和設計的心情和概念的，選擇在相關振動的吉日裡，給住家注入新的活力與生動，也等於給自己創造一個新天地。當然，除了自己的私人住宅，也可在選定的日子裡為剛購入要租賃出去的屋子做好裝潢準備。

■娛樂聚會、■送禮吉日、■渡假靈修、■短期旅遊、■結交新友

★娛樂聚會

誰說玩樂只是浪費時光呢？愉快的聚會，讓我們與他人有更多的互動，同時可以共同創造美好回憶與機緣，為自己建立人際網絡。

正式或非正式活動，對我們的社交關係都非常重要。如果進行的社交動內容與時間剛好又在我們人氣最旺的時候，那肯定多采多姿充滿歡樂。在我們的能量振動數低潮時，則最好待在家中，減少精力的耗損！

★送禮吉日

對特定的人表達內心的感謝，挑對禮物也要懂得挑個好時機。這是社交禮儀，可以表現你恰如其分的人文素養，也展現你高超的公關技巧。

每一天都可以成為「送禮日」，但並不表示都是最恰當的好日子。送禮是一門大學問，何時送禮也意謂著你對人際關係的手腕拿捏和態度是否靈活運並具有獨到眼光。一個好的送禮日，反而具有更大的意義，可以獲得注意和讚賞，並達到有效的社交目標。

★渡假靈修

旅行是認識自已與大開心門的最好方法。旅行讓我們學習不同的文

化風俗，面對不同挑戰與發現，同時重新為自己找到生命更好的方向。

　　所謂的渡假，在此包含了利用一段較長時間的休養生息，或是到國外做一趟心靈之旅；當然如果選擇較偏遠安靜的國內地區，若能藉由旅行達到抒壓的目地，一樣是很好的結局。

★短期旅遊

　　小小旅行，可以讓你的身心獲得抒解，並藉此刺激神經、發揮創意和想像空間，讓生活與工作得到更好的啟示與靈感。

　　吉日時間可以好好規劃未來的旅行，或利用這一天與旅行社接洽、網上搜尋旅遊資訊與訂購票務等。也可以做一兩天的短期出遊。凶日則必須避免出遊或做戶外的活動。

★結交新友

　　近朱者赤，近墨者黑。朋友影響我們的生活，除了選擇與判斷力，在吉時認識的友人，也許會是改變我們一生重要的關鍵。

　　千萬別忽視了朋友的重要，慎選朋友是大家的願望，但需要很好的判斷力。一位好的朋友就像是我們生命中的貴人，但並非每一個人都有此運氣擁有貴人朋友。在標記的這些時日，比較有運氣遇上最佳的對象。擴大社交圈，就從認識新的朋友開始。

■手術開刀、■門診諮詢、■健康警訊、■接受治療

★手術開刀

急診病患需要動手術者，當然要遵循醫生的指示為先。任何大小疾病，一旦發現需要以手術來治療者，必須立即進行，並可提早恢復體能。

但如果非因疾病引起立即危害者；比如美容拉皮、牙齒矯正、減肥抽脂等這些手術，建議一樣可以選擇標記出的吉日良辰來進行，結果會比較圓滿。

★門診諮詢

除了急性疾病，必須立刻求診以外，別忘了身體的保健與持續性的健診是相當重要的。

無論大病小病或沒病，都需要固定與家庭醫師溝通，並定期作檢查。有些平日看不出的小病，可以提早預防。把這種約定變成愛護自己的習慣與行動。以下標記的時間，是最好與醫生約定診療或諮詢的吉日。

★健康警訊

當我們失去健康時，才意識到健康的重要。要重視身體平日的保養，還要定時到醫療單位做相關的例行檢查，避免突如其來的病痛帶給

自己和家人錯愕與慌亂。

　　一般人多因為身體出現立即性的疾病才肯就醫，但真正嚴重的慢性病與隱性疾病，往往因我們的輕忽而導致更嚴重的結果。特別提醒大家，工作學業或生活上的壓力，是長期危及我們健康的最大殺手。所謂「小病不管、大病難逃」，當身體出現任何不適徵兆，必須趕快尋求專業醫生解決，且越早越好。

★接受治療

　　一旦查出病因或已患有疾病者，當然必須立刻接受治療與看護。選擇吉時良辰執行，可以撫慰你的心靈照顧，並讓過程順利完成。

　　有些生理上的疾病很難以一般方式看待，它需要長時間固定的照顧，並定期回診接受測試。另外也可在同時段作修養靜心或身體環保的整治執行，如斷食、清腸或嘗試汰換食譜，改變飲食和生活型態等，都算是一種身心「淨化」治療。

心靈轉換篇

■改造轉變、■宗教洗禮、■清理住家、■脫離困境、■遷居新屋、
■學習深造、■避免重大決定

★改造轉變

　　這是一個很好的「大躍進」機會，要好好的把握住；有種「脫胎換

骨」的全新意涵。

比如在你的工作職場上你可以借力使力，不要單打獨鬥，巧妙整合運用周遭的人事時地物，來幫助你達到你的目標，通常也可以得到貴人協助與他人支持。在天時、地利與人和的情況下，很容易在此時嶄露頭角獲得更高的位階與聲名。

★宗教洗禮

與宗教相關的閱讀，或宗祠教堂參觀活動，可獲得心靈安定的淨化力量，也教導人謙卑與慈愛的分享。

許多人以藝術、文化、音樂或旅行等方式，讓自己的心靈獲得平靜和洗滌。而宗教的力量，讓我們有不同的視野與福慧。如果你沒有任何特定的宗教信仰也沒關係，那麼就把「造訪」教堂或寺廟等神聖之地，當作一種心靈洗滌之旅吧。吉日，適合你行受洗、祭祀或齋戒等各種宗教儀式！

★清理住家

許多人都忽略了住家光線與空氣必須暢通，要常常排除穢氣，重新注入正面能量與活力，可以讓人神清氣爽迎來好運和財運。

簡單的方法可以讓我們獲得心靈上的滿足與快樂，固定清理家居環境就是一例；就像一個快樂的人，肯定了解平衡內在，一切從心開始的道理。我們可以藉由清潔住屋環境，同時運動肢體活絡筋骨，整理清晰

的思維，讓整個人由裡到外就如環境一樣做一個大掃除。

★脫離困境

每一個人都會有深陷苦思的時候，如何掙脫困境尋求解決，便成為一項挑戰藝術。

除了以勇氣與堅持的決心去面對困難外，就是跳脫原來的思考模式與行為框臼，大膽嘗試反其道而行。而在特別選定的日子裡，會具有獨特的靈感與行動力量，幫助你以創意娛樂的心情「破繭而出」渡過難關。

★遷居新屋

遷居，一定要選個吉時好日，可以與新住所產生良好的對應能量，也有一種安定心神的導引。

「好的開始，就是成功的一半。」新居，可以當作我們另一個生活階段的開始，我們的心情轉變，自然影響了我們的思考與行事風格，彼此相互連結，直接影響我們的生活品質與收成。千萬別在毫無心理準備的狀況下，斷然作遷居的動作！

★學習深造

當你感到對某些事務有強烈興趣時，就表示你內心擁有學習與接觸

的渴望。選擇良好的氣氛與時間開始，可以幫助學習進步神速，也容易取得專業知識進階的肯定與認證。

這不單單指學院方面的研讀留學，同時也包含了在專業知識、心靈成長、語言實習等各方面的學習；可以分為短期受訓、特定研討、國外遊學等，為了讓生活內容更精彩去學習陶藝烘培，為了心靈成長去尋求大師的開示等，都有聚足智慧大開心界的能量增長。

★避免重大決定

有道是「來得早，不如來得巧！」人生中有許多意料外的事，雖不能計算預料，但我們仍能在有限空間自我決定和掌控。特別要避開凶日所帶來負面能量，影響我們正確的選擇。

我們不但要努力工作勤奮不懈，更要有清晰明確的是非判斷力，這是成功的重要關鍵；不受情緒影響，在適當的時機，你可以深入思考、但無須立即行動，避免隨意亂下決定，才可以減少遺憾產生。

Appendix

神準！
【倪端希臘占卜】測驗

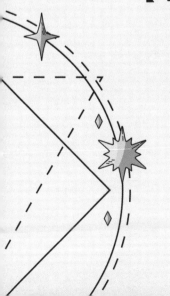

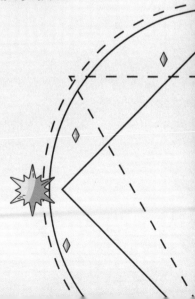

我的愛情會開花結果嗎？

568　586　658　685　856　865

（用第一直覺，選出一組數字）

568 有時無聲勝有聲，千山萬水我獨行

姻緣不是不成，而是時候未到。此時，所有與愛情相關的事，都只能當作生活調劑與附屬品，千萬不要過度認真陷入。因為今年你將面臨人生中階段性的大變動，面對許多未可知的挑戰。情感，有如美麗煙霧，對單身或已有對象的人來說，都最好採取守勢並靜默觀察，不疾不徐不宜高調。要防愛情騙子。

586 桃花迎面春風吹，大紅燈籠高高掛

好事多磨，只要堅持，可修正果。過去情感起伏變化，主要在於你的情緒與自信不夠穩定。新的一年，反而對變數有更好安排。建議你，對於情感要採取靈活戰術，打破墨守成規守株待兔習慣，只要主動出擊表明心跡，就大有斬獲。長輩與上司是姻緣貴人。家人關係良好，會吸引桃花正緣。多捐贈多行善。

658 切勿猜疑勤溝通，斬斷誘因必成雙

互信，是任何良好關係的基礎。今年情關最大在流言蜚語的傷害，

再好關係若無法取得共識都會遭到破壞。對單身者，要懂得以退為進，成全大局反而獲得青睞。已有戀愛對象或已婚者，切忌不要受挑撥和聽信未獲證實的謠言，如此兩人會更加緊密。表現越坦白，越有吸引力，姻緣桃花將應運而生水到渠成。

685 有情有愛多精彩，就缺臨門一腳推

生活工作都受到激賞的你，同時擁有相當強大的異性緣分。對於情感關係，可以輕鬆面對手到擒來。單身者的尋求對象，喜歡浪漫關係多於固定關係，但無礙於兩人的基本共識。轉換新的環境或工作，將有機會遇到未來伴侶。定情機率大，3 年後再行完婚最佳。行動勝於一切，朋友或同儕是最佳愛情說客。

856 夢幻轉換成現實，雲散月明漸佳境

情感緣分，常與是否努力無關，而在幸運與否有關。今年有機會與老友舊識重逢，雙方過去情感可能死灰復燃。但霧裡看花總無法探底，終究要面對現實衝擊，終究必須做出決定。單身或已婚，同樣都會接受考驗。另外也有暗戀對象出現，讓你常有墜入雲霧的迷失感，分不出真假，但時間會提供正確方向。

865 心靈互動有看頭，蜻蜓點水待序曲

先確定自己需要哪種感情關係，再進行下一步驟。眼下，所有的情勢對你來說都是有利的，但愛情關鍵在於你公開表態你的需求。心境上，你可以雲淡風輕，這是一種對異性極大的吸引力。今年你將有機會遇到心儀對象，彼此有頻繁互動並快速進入交往階段。但因為流年驛動影響，反而可成最佳心靈伴侶。

財神爺在哪裡？

248 284 428 482 824 842

（用第一直覺，選出一組數字）

248 親密關係，是最安全的寶庫

家庭的和樂關係，是你最大的資產與強力後盾。如果家人之間有任何誤會，一定要趕緊先解決，不要拖延，特別是今年你所有與錢財有關的事務，都與家人和愛侶牽連；想要荷包滿滿，先把親密關係照顧好。所謂「家和萬事興」，對於你來說再貼切不過了。家人中，如果有 3 月或 6 月出生的人，更能為你在錢財方面提供有利的加持喔！

284 創新變化，是最大膽的投資

變！變！變！求新求變，是你發展必須注意的重點。無論是你的生活方式、學習態度都要不同以往固定保守的模式，唯有在「變化創新」的思維和行動中，你才可能找到新的商機。比如，你可以改變每天固定上班上學或到特定目的地的路線，你可以改變以往的飲食口味或穿著打扮讓人看來耳目一新等等。這些不同變化將吸引財神目光。

428 幸運偏財，是最神奇的禮物

你必須相信奇蹟總會發生在你身上。無論這聽來是多麼不可思議的

事，唯有全然相信好運會降臨於你，奇蹟才會出現。特別當你一無所有時，念力及行動是你最有力最忠實的夥伴。許多人一天到晚祈求能中樂透彩，但說了半天卻從未買過一張彩券，或參加各式各樣的抽獎活動，就算財神想幫你忙都無從下手啊。幸運需要方法和執行力。

482 勤奮本業，是最實際的保單

一夜致富，不是你今年的白日夢選單。「勤勞工作、不貪捷徑」才是你的座右銘。放眼望去，有多少富豪不是白手起家而來。唯有在勤奮努力中，你可以找到出路和發展出不同的觀點和機會。特別是針對擁有一技之長的朋友們，不斷精進技術才藝，更能夠在其中找到意想不到的出路。如果朋友中有1月或3月出生的人，最近盯著他緊一點。

824 旅遊深造，是最難得的收穫

行萬里路勝過讀萬卷書，這是提供你今年得到好運的最佳寫照。旅行，會為你帶來驚喜的收穫；特別對你的身心靈有強大的洗滌與啟發作用，可以提供你廣大視野改變一成不變的觀念。旅行是改變生活與機遇最好的行動。對於想要出國進修的人，更是難得的時間點，如有任何機會都要盡力讓它實現。今年你的財神，在你行走的四面八方。

842 社交友誼，是最閃亮的金礦

社交，除了是必須的人際互動，還有兼具有更多的生活意義。無論是在實際生活中，或是網路世界裡（當然，你得祈禱別遇上詐騙集團！）的社交互動，都是你今年可以遇到財神貴人的方式。今年是你好好發展人際關係的一年，尤其要更重視所有老舊友誼的維護，主動認識和邀約朋友，真心誠意建立長遠友誼。在交往中有你的金脈原礦。

貴人何處尋？

169 196 269 296 926 962

（用第一直覺，選出一組數字）

169 家人愛侶，是陪伴的貴人

家人親人，是我們所有努力的最大回饋目標。許多人不斷的努力工作，除了想要成就自己的一番事業與獲得金錢滿足外，就是希望能與家人及愛侶共同享受這份成功果實。但是，當我們徬徨無措時，第一想到的也是我們的家人，不是嗎？千萬別只等到需要家人時，才意識家人的重要。在今年，家人伴侶將會是你遇到困境時溫暖的肩膀。

196 心靈導師，是精神的貴人

人生價值的評量，不在金錢財富的多寡，而是貴在精神層面是否富有滿足。許多人為了追求權利地位與金錢，願意賠上健康甚至家庭關係，直到面臨所有外在挑戰困境時，才驚覺原來內心如此脆弱空洞且不堪一擊。無論我們是誰，從事哪種工作，過著何種生活，無時無刻都需要有強壯的心智與信念支撐我們。心靈課程學習是你最好靈藥。

269 同儕朋友，是交心的貴人

「近朱者赤，近墨者黑」是形容朋友對我們所造成的影響。交朋

友，本身就是一門極大的藝術學問。擁有彼此完全信賴又能教學相長的好朋友，誠屬難得；除了要獨具慧眼外，自己的心智意念與處世態度和價值觀等，都是我們衡量朋友關係的標準，更重要的是你如何對待朋友。一生當中，朋友不在多，你的貴人就是這些可貴的知心好友。

296 專業偶像，是開悟的貴人

每一個人從小到大，心中都有一些學習的榜樣和模範。目前是你人生中，最具有戲劇感轉折的一年，特別是對正在思考轉業或選擇改變主修專業的人來說，更是需要指導引領的時候。遇到了人生十字路口該抉擇的時候，不要慌亂，先從你最喜歡的對象著手，想像他們為何吸引你，讓你如此羨慕敬仰？找到原因，就能讓你開悟、發現自己。

926 歸零學習，是夢想的貴人

常常聽人描述一件失敗的設計或表演，總以「曲高和寡」來形容。是的，無論你承認或不承認也好，在經歷了許多挫折後，終於發現原來我們需要面對的往往是自己的表現方法和態度。首先，你無需先否決自己的專長，而是如何在表現上杜絕過度堅持，以改變他人對你的看法。謙卑，會教導你看清真相。永遠保有好奇心當新生一般學習。

962 合作團隊，是創業的貴人

不可否認，任何一個人的成功都不是獨立完成的，而是需要許多人的協助幫忙。即便是一般所謂的自由工作者，同樣需要來自各方的資源和推薦，才能完善工作流程。今年，你特別需要與一群志同道合的團隊共同完成計劃，無論你是學生、上班族或家庭主婦（夫），都要至少有一位可以互相擔待照應的麻吉。發揮團隊精神找到創業春天。

戀情如何大利多？

239 293 329 392 923 932

（用第一直覺，選出一組數字）

239 彈性運用，見機行事

「窈窕淑女，君子好逑」這句話如果再加上「妙語如珠、詼諧機智」，就能「萬事無敵、所戰皆捷」了。戀愛如戰場，除非你不參戰，否則必有輸贏。你現在最需要的，不是美色體力而是機動策略；因為你想追求或可能遇上的對象，可不是一個完全聽信擺佈的角色，反而對於特立獨行和活潑彈性的個性有極大興趣。想贏戰役，就多動腦子。

293 天時地利，全靠人和

千萬別放棄任何追求幸福的機會，就算戀愛短暫也有它的美好滋味。雖說「因緣天註定、感情莫強求」，但是你若老窩在家裡等人來，對戀情也太不積極太沒誠意了吧。如果你有了意中人或暗戀對象，一定要找親朋好友幫忙出點子。如果你還是孤家寡人一個，目前沒有任何對象，一樣要透過第三者的牽線才能成事。快打電話，參加轟趴去。

329 異性同性，靈性溝通

此時此刻，你該知道朋友多就是大利多。人脈等於錢脈，也等於

「情脈」，得善加運用同時禮尚往來才行。這個數字組合顯示「心靈交流和諧溝通」，同時不分男女老少都是你的最好的幫手。想要在戀愛戰場上獲得好成績，先要找到知你懂你的人，在心情上可以做些交流獲得靈感，完全沒有地域國籍之分。戀戀愛情，沒有特定的模式進行。

392 搞怪創新，出奇制勝

一樣米，養百樣人。你不得不承認，有時候看人的眼光有點突兀，品味也有點奇怪，但這些不妨礙你對戀情的追求。在這寬容的社會裡，即使搞怪，一樣有人愛。別以為古老經典的老手法吃香，有時候出其不意的創新表現反而讓人耳目一新。這個數字組合，提醒你要先讓自己心靈完全解放自由，才能夠徹底發揮你的天賦，與眾不同引起注意。

923 魅力打扮，神祕出招

男人希望自己是機智誘人的「007」情報人員，女人渴望成為風情萬種的「007」龐德女郎。這兩種角色，都需要一個共同的密碼，叫做「神祕」！神祕，是最令人迷惑的玩意兒，也是致命的武器。如果運用得宜，在戀愛的關係經營上可以增添情趣。建議你參加一些可增進魅力和兩性關係的課程，從中找到展現自我發揮獨特風格的吸睛大法。

932 插花烹調，宜室宜家

現在流行「宅男」和「宅女」的稱號。但還有更酷的角色，是返璞歸真式的「宜家男」和「宜家女」！過去，我們要求女性「入得廚房，出得廳堂」，現在如果有男性具備這樣的絕活和功能，一定是單身市場上的搶手貨。社會變了，環境變了，我們對生活伴侶和對象的要求也變了。誰不想擁有這樣的對象，即使一招半式也能讓人心花怒放。

【投資理財】

如何渡過財務難關？

158 185 518 581 815 851

（用第一直覺，選出一組數字）

158 庸人自擾，尋求協助化風險

目前你的狀況根本不如你想像糟糕，甚至在他人眼裡，你還有點無病呻吟的味道。如果你仔細審視一下生活，其實該有的都不缺，只是你要的不是「必要」物件，而是「想要」條件。如果這些沒想清楚，即便眼前花團錦簇美不勝收，你也不會看見甚至享受這些美景。集思廣益，團結力量大。如果錢關在前，朋友可以出主意，一起找出路。

185 勤則有通，天時地利大收成

一支草一點露，成功需勤奮的積累。這個數字組合顯示了「要怎麼收穫，就那麼栽！」的法則。金錢的匱乏或豐收，貧窮與富有，完全是由自己的心念所決定的。基本上，一個懂得感恩的人已然是個富足的人。你的運勢正旺盛，除了付出努力外，如果你又是一個樂善好施，喜歡分享貢獻的人，那麼恭喜你！這個數字為你帶來極大幸運和收成。

518 杜絕貪念，小節不戒釀成大禍

小不忍則亂大謀，不知節制必遭陷。假如你目前在金錢財務上有

多麼吃緊，或欠下一筆爛帳，都要謹記「戒貪」的心法。許多原本只是財務小虧的人，最後搞得一蹶不振？因為無法戰勝人性中最大的「貪」毒；在最脆弱時失去人生方向，聽信他人花言巧語。天下沒有白吃午餐，不做快速「翻本」或「暴利」的投資，便可自保避開更大災難。

581 切勿放棄，按住耐性開雲見日

成功者與失敗者的最大差異，不是天賦也非能力，而在持久力與決心。大部分的人對於茫茫然的未來都抱著恐懼不安與負面消極態度，久而久之便開始懷疑自己缺乏信心，否定自我放棄努力已久的計劃。放棄，是造成失敗的必然結果。目前，你最需要的，就是自我勉勵打氣，樂觀看待每一件事情的發展。努力之後，毅力恆心將帶你看到獲利。

815 有好有壞，起伏越多收穫越多

人生不如意十之八九，哪有每天都在過年的道理。有人報喜不報憂，有人沒事找麻煩。但無論哪一種，都不是正確生活態度，唯有承認現狀，才有改進空間。為了安心，你可以初一十五燒香拜拜，但其他的事都要抱著順其自然的心態來因應。你明知「月有陰晴圓缺、人有旦夕禍福」的道理，今年逢六月和九月，要抓準機會有人幫你理債。

851 一車兩頭，勇於決定才有贏面

事出必有因，不要只看結果。假如你擁有一份超過一年的工作，請努力繼續維持。如果你目前待業，日日面對生活現實多重考驗，你反而可以不必綁手綁腳瞻前顧後，還不如以豁出去的心態主動出擊。金錢運不如理想，主要看你是否有果決的態度，就算孤注一擲，都比不出招不動作要來的強而有力多了。死馬當活馬醫，總有翻盤的機會出現。

如何打造我的黃金地圖？

357 375 537 573 735 753

（用第一直覺，選出一組數字）

357 萬里無雲好天氣，大膽邁進不必羞

恭喜你，這是一副王牌，你拿到手裡。白話的說，這是一個上上籤，不但後面有靠，前面有光，似乎最好的運勢都將降臨到你身上。面對這些，你應該歡歡喜喜開開心心接受，無需想東想西想太多。貴人將至，好運當道，唯一要注意的是，不要把所有事情過度理想化，只要以輕鬆的態度面對一切即可。你現在最需要的，就只是社交打扮亮相。

375 道聽塗說缺主張，切莫跟風逐波流

「強摘的瓜，不甜。強求的事，不順。」由此可得，順勢而為是最自然的生活方式。這組數字揭露了一種被壓抑的情緒和慾望；也意味著你所身處的環境，有看不見的威脅壓迫。但不要為了迎合他人的意見，而犧牲自己的立場。建立自己的遊戲規則，你的聲音會被聽到，並獲得更多信任。人際關係的鞏固，為你在職場上找到新的商機道路。

537 道路彎曲不用驚，柳暗花明又一村

山不轉路轉、路不轉人轉、人不轉觀念轉；條條道路通羅馬，無論

路途多崎嶇，終究可以找到出路。不要害怕事情艱鉅複雜，再難開的鎖都有鑰匙孔呢。這個數字組合顯示了「耐力」與「信心」，換句話說，你需要的不是如何找到別人的黃金地圖，而是如何使用自己已經擁有的黃金地圖。信念，就是你出發的力量基礎。凡事相信，則沒有阻撓。

573 書中自有黃金屋，萬銀莫如一技長

這組數字顯示了「專業」與「知識」的重要，未來在事業的成功必須仰賴專業人士的協助，特別是擁有專業技藝與技術的行業，適合你參與其中。這組數字帶有金錢與物質的意味，它與創新及藝術文化表演有極大關聯；如果你從事的工作與所學與這些毫不搭嘎，你可以多參與藝文活動與投資文創學習等，這是一個具有極大潛力的黃金計劃。

735 求新求變多彈性，出外可得貴人援

守株待兔只有死路一條。面對新的一年，全世界都在急速變化之際，你更需要徹頭徹尾大翻修，從裡到外做改變。這個數字組合，有強烈的「變革」、「變動」和「移動」的意義；非常適合想要轉業換工作、轉學深造、出國旅遊等，也算是越變越發達之意。同時，它還帶有「貴人在四方」的意思，出外工作或短暫旅行，都可以獲得靈感援助。

753 愚公移山感動天，鐵杵磨成繡花針

認真打拚，是唯一打造自己黃金帝國的通關密語。你只要選定了方向，下定決心再苦再累都要勇往直前。這個數字組合顯示了更遠大的理想和目標，但成功必須腳踏實地一步一腳印，根本沒有捷徑。只要你努力肯吃苦，所有的人都會為你加油喝彩，就連你的債主都會感激涕零幫你一把。誰還需要什麼上上籤，你自己就是王牌，可以當家做主。

我的健康發出警訊了嗎？

678 687 768 786 867 876

（用第一直覺，選出一組數字）

678 壓力悶燒，注意內分泌失調

你的壓力不是今天才有，而是日積月累，你也許都習以為常這種「悶燒鍋式」的壓力，但這會造成你內分泌失調以及問題。是你對自己的要求太高太嚴厲？還是對自己的表現從未滿意過？這組數字顯示了「虛名虛位」，換言之也有「切勿在意得失」的意思。人生起起伏伏好好壞壞，春來秋去各有不同風情。輕鬆笑看生活，運動可以舒緩壓力。

687 負擔過度，易造成消化不良

每一個人都有自己扮演的角色。但是過度承擔責任與強烈的責任感，也許可以得到他人感謝，但也可能給人帶來負擔。這組數字提示了要以「適可而止」的生活態度，面對你的身體可能產生便祕、腸道消化不良這方面的困擾。是的，如果你能把注意力從別人身上轉移到自己的身上，培養如栽植花草，拉胚等手作嗜好，身心皆能達到平衡舒暢。

768 習慣不好，小毛病養成大病

許多疾病，一直到最後發病時，我們才意識到它的危險。有些病，

不是病菌所引起的，而是由「壞毛病」累積出來的。比如，不良的生活習慣、不好的飲食嗜好等，開始都沒有疼痛感，嚴重時才知已來不及喊痛。這種最常見由「毛病」造成的「疾病」，尤其以過度用藥（如安眠藥、止痛藥）、椎間盤異位等最盛，只要改變生活習慣就可改善。

786 生活無趣，容易失憶精神渙散

最讓人感到恐懼的，不是沒錢沒閒，而是人生失去了樂趣和目標。身體有病，有藥可治。心靈有疾，難有藥醫。生活突然失去重心的原因有許多種，這是現代人要面對的課題。如果你常莫名空虛，對生活提不起勁，千萬要尋求專業協助。積極點，你可以選擇有興趣的事物，如語言學習、參加讀書會或舞蹈社等，多了互動為生活帶來更多樂趣。

867 太過隨性，三高三低無一倖免

過去我們對「心寬體胖」四字，都是正面的詮釋，但現在如果被按上這個形容詞，恐怕笑都笑不出來。心寬，很好。體胖，則有待商榷。新的一年，你的日子不會有多大變化，但要避免太過隨性，輕忽了飲食的重要和規律，若不是大啖美食，就是減肥抽脂，這些都會造成身體上的負擔。基本上，你沒有太大的問題，但要注意血糖和體脂肪測量。

876 寂寞上身，避免獨處莫名憂傷

這組數字顯示了「寂寞感」與不安。現代人最大的精神疾病，不是所謂的三高，而是難以度量的寂寞感。寂寞與孤獨，雖不能畫上等號，但卻有極大關聯。心智的強弱，不能完全解決寂寞感帶來的後遺症，比如伴隨而來的失眠和莫名的憂傷等。如果無法處理寂寞感，就盡量避免獨處一人。同時要找可抒發心情的對象。舞蹈與跳躍是極佳解藥。

人生顧問 474

你是幾號人：
生命靈數解析你的愛情・事業・財運

作　　者—倪　端
主　　編—謝翠鈺
企　　劃—陳玟利
封面設計—林采薇
美術編輯—李宜芝

董 事 長－趙政岷
出 版 者－時報文化出版企業股份有限公司
　　　　　108019 台北市和平西路三段二四〇號七樓
　　　　　發行專線—（〇二）二三〇六六八四二
　　　　　讀者服務專線—〇八〇〇二三一七〇五
　　　　　　　　　　（〇二）二三〇四七一〇三
　　　　　讀者服務傳真—（〇二）二三〇四六八五八
　　　　　郵撥—一九三四四七二四時報文化出版公司
　　　　　信箱—一〇八九九　台北華江橋郵局第九九信箱
時報悅讀網— http://www.readingtimes.com.tw
法律顧問—理律法律事務所 陳長文律師、李念祖律師
印刷—勁達印刷有限公司
一版一刷—二〇二三年一月十三日
定價—新台幣四八〇元
（缺頁或破損的書，請寄回更換）

你是幾號人 : 生命靈數解析你的愛情. 事業. 財運 / 倪端作 . -- 一版 . --
　臺北市 : 時報文化出版企業股份有限公司 , 2023.01
　　面；　公分 . -- (人生顧問 ; 474)
　　ISBN 978-626-353-387-5(平裝)

1.CST: 占卜 2.CST: 數字

292.9　　　　　　　　　　　　　　　　111021746

ISBN 978-626-353-387-5
Printed in Taiwan